ÉDITORIAL

FÉVRIER 2023

Petit mois de février !

Février. La terre est mise à nu par le froid de l'hiver. La nature semble dormir. Les mouettes quittent les plages en quête de nourriture. En montagne, chamois et bouquetins descendent dans la vallée à la recherche d'un peu d'herbe. Février, petit mois de par le nombre de ses jours, n'en est pas moins un mois riche en événements. Deux journées mondiales, la Journée de la vie consacrée (2 février) et la Journée des malades (11 février), nous redisent avec force combien il est possible de consacrer une vie entière au Christ et combien il nous donne rendez-vous au lieu de pauvreté : « J'étais malade, et vous m'avez visité » (Mt 25, 36). Je n'oublie pas non plus la journée du 24 février, qui marque le premier anniversaire du début du conflit entre la Russie et l'Ukraine, une date qui nous convoque à prier et à agir pour la paix en tout point de ce monde. Le 22 février s'ouvre le temps du Carême, qui inlassablement s'installe pour nous conduire à Pâques. Chemin spirituel pour remettre le Christ au coeur de notre vie. Que ta parole, Seigneur, éclaire nos pas et chacun des jours de ce petit mois si riche ! ■

« Un mois riche en événements pour remettre le Christ au cœur de notre vie. »

S'engager pour la solidarité avec le CCFD-Terre Solidaire

Le CCFD-Terre Solidaire agit aux côtés des populations les plus vulnérables dans le monde contre toutes les formes d'injustices et, en premier lieu, celle de souffrir de la faim, notamment grâce à la mobilisation de nombreux bénévoles en France.

Il y a soixante ans, les évêques de France ont confié la mission au CCFD-Terre Solidaire (Comité catholique contre la faim et pour le développement-Terre Solidaire) d'organiser l'action de solidarité internationale en appelant les chrétiens au partage pendant la période de Carême, notamment lors de la collecte du 5e dimanche. La campagne de Carême est donc historiquement un moment fort de mobilisation des bénévoles de l'association qui donnent à vivre à travers leurs actions le lien intrinsèque entre la foi, la solidarité internationale et le développement.

Loin des pratiques d'assistance et d'urgence, l'action du CCFD-Terre Solidaire passe par le soutien à des associations partenaires locales dans plus de 70 pays. Cet événement est ainsi l'occasion de faire venir en France des partenaires du monde entier. Ce sont des temps forts de rencontres, de témoignages et de

© F. Thiercelin

partage d'expérience entre les sociétés civiles du Nord et du Sud. Cette année, le contexte mondial est particulièrement bouleversé : conflits, guerres, crise économique et alimentaire. Depuis six ans, la faim dans le monde augmente inexorablement et aujourd'hui ce sont 828 millions de personnes qui en souffrent. Dans ce contexte, l'action du CCFD-Terre Solidaire prend d'autant plus de sens. « À travers un certain nombre d'animations, nous abordons les enjeux de l'agriculture paysanne pour faire réfléchir les personnes et engendrer des débats », déclare Mélanie, bénévole à Toulouse. S'engager au CCFD-Terre Solidaire, c'est donc défendre une cause, mettre ses talents et ses compétences au service de l'association et découvrir de nouveaux horizons qui nous font réfléchir et avancer. Cet engagement prend racine dans l'Évangile et la pensée sociale de l'Église. Comme une réponse au « Tout est lié » du pape François dans *Laudato si',* le CCFD-Terre Solidaire proclame : « Ici, là-bas nos destins sont liés. » Alors agissons, chacun à notre niveau pour une terre solidaire et sans faim. ■

Prier avec le Saint-Père

Intention universelle du mois de février 2023

Prions pour que, en vivant une vraie communion, les paroisses soient de plus en plus des communautés de foi, de fraternité et d'accueil envers les plus démunis.

Pour vous aider à prier :
www.prieraucoeurdumonde.net

SAINTS ET SAINTES DU MOIS DE FÉVRIER 2023

Xavier Lecœur, journaliste et historien

Chaque jour, l'Église fête plusieurs saints et bienheureux : ceux du calendrier romain, ceux des calendriers diocésains et ceux du calendrier des Églises orientales.
Tous les mois, Prions en Église *vous propose d'en découvrir quelques-uns.*

1er février

Bx Louis Variara
(1875-1923)
Il y a un siècle jour pour jour, mourait ce prêtre salésien italien, missionnaire auprès des lépreux en Colombie. Béatifié en 2002.

2 février

St Jean-Théophane Vénard
(1829-1861)
Jeune prêtre de la Société des Missions étrangères de Paris, mort martyr au Tonkin (nord du Vietnam) après six années d'évangélisation clandestine. Sainte Thérèse de l'Enfant-Jésus le vénérait.

3 février

Ste Marie Rivier
(1768-1838)
« Soyons un Évangile ouvert où chacun puisse lire Jésus Christ », recommandait cette Ardéchoise, fondatrice des Sœurs de la Présentation de Marie. Canonisée par le pape François le 15 mai 2022.

4 février

Ste Jeanne de France
(1464-1505)
Répudiée par Louis XII après vingt ans de mariage, elle se retira à Bourges (Cher). Elle y fonda l'ordre de l'Annonciade, dont la spiritualité consiste à « plaire au Christ par l'imitation des vertus de Marie ». Canonisée en 1950.

5 février

Ste Agathe de Catane
(IIIe siècle)
Durant le règne de l'empereur Dèce, cette Sicilienne fut torturée à mort pour être restée fidèle au Christ en respectant son vœu de virginité.

6 février

St François Spinelli
(1853-1913)
« Que votre vie soit un hymne de joie, d'amour, d'action de grâce à Dieu

qui vous aime d'un amour infini », écrivit, dans son testament spirituel, ce prêtre milanais, fondateur des Sœurs adoratrices du Saint-Sacrement. Canonisé en 2018.

7 février
Bse Rosalie Rendu
(1786-1856)
Pendant un demi-siècle, cette Fille de la Charité se consacra aux plus pauvres dans le quartier Mouffetard, alors l'un des plus misérables de Paris. Béatifiée il y a vingt ans, en 2003.

8 février
St Jérôme Émilien
(1486-1537)
Depuis 1928, le fondateur de l'ordre des Clercs réguliers de Somasque est le saint patron des orphelins et de la jeunesse abandonnée.

9 février
St Michel Febres Cordero
(1854-1910)
Cet Équatorien fut le premier Sud-Américain à entrer chez les Frères des Écoles chrétiennes. Il enseigna à Quito durant quarante ans. Un « apôtre de l'école », selon saint Jean-Paul II, qui le canonisa en 1984.

10 février
Ste Scholastique
(480-543)
Sœur de saint Benoît de Nursie, elle se fit moniale près du mont Cassin (Italie). Tous deux se voyaient une fois par an pour de longs entretiens spirituels.

11 février
Notre-Dame de Lourdes
C'est le jeudi 11 février 1858 que la Vierge Marie apparut pour la première fois à Bernadette Soubirous (fêtée le 18 février) à la grotte de Massabielle (Hautes-Pyrénées). Journée mondiale des malades.

12 février
Ste Ombeline
(1092-1141)
Sœur de saint Bernard de Clairvaux. Après avoir mené une existence mondaine, elle entendit l'appel à la vie monastique et se retira chez les cisterciennes de Jully-les-Nonnains (Yonne).

13 février
Bx Jourdain de Saxe
(vers 1185-1237)
Il succéda à saint Dominique à la tête de l'Ordre des frères prêcheurs. Durant les seize années

de son généralat, 240 nouveaux couvents furent fondés.

14 février
St Maron
(IVe-Ve siècles)
Ermite syriaque. Il eut de nombreux disciples et donna son nom à l'Église chrétienne maronite, rattachée à Rome. Les Libanais le fêtent le 9 février.

15 février
Bx Michel Sopocko
(1888-1975)
« Le manque de confiance empêche Dieu de nous combler de ses bienfaits, c'est comme un nuage qui empêche le passage aux rayons du soleil », affirmait ce prêtre polonais qui, à Vilnius, fut le directeur spirituel de sainte Faustine Kowalska. Béatifié en 2008.

16 février
St Pamphile
(IIIe-IVe siècles)
Ce savant grand voyageur devint prêtre à Césarée, en Palestine. Il subit la persécution de l'empereur Maximin.

17 février
Bx Evermode
(vers 1100-1178)
Touché par une prédication de saint Norbert de Xanten, Evermode entra chez les Prémontrés. Il fut, pendant vingt-quatre ans, l'évêque de Ratzebourg, près de Hambourg.

18 février
Bx Fra Angelico
(vers 1395-1455)
Ce religieux dominicain fut l'un des grands peintres de son temps mais, dédaignant les honneurs, il vécut en « homme modeste et pieux ». Saint patron des artistes. Béatifié en 1982 par Jean-Paul II.

19 février
Bx John Sullivan
(1861-1933)
« Tout ami des pauvres est un ami de Dieu », disait ce prêtre jésuite irlandais, qui consacra sa vie à l'enseignement et à la formation spirituelle des jeunes. Béatifié à Dublin, en 2017.

20 février
Ste Jacinthe Marto
(1910-1920)
Jeune voyante de Fatima (Portugal), avec son frère François et sa cousine Lucie, favorisés en 1917 de plusieurs apparitions de la Vierge Marie. Canonisée en 2017.

21 février
Bx Richard Henkes
(1900-1945)
Pour s'être opposé au nazisme, ce prêtre allemand de la congrégation des Pallottins, fut déporté au camp de Dachau où il mourut du typhus. Béatifié en 2019.

22 février
Ste Marguerite de Cortone
(1247-1297)
Cette Toscane était depuis neuf ans la maîtresse d'un jeune noble. La mort tragique de son amant la conduisit à se repentir et à mener une vie charitable comme tertiaire franciscaine.

23 février
Bse Raphaëlle Ybarra
(lire page 147)

24 février
St Ethelbert
(VIe-VIIe siècles)
Converti et baptisé par saint Augustin de Cantorbéry, il fut le premier roi chrétien du Kent. Il joua un rôle important dans la diffusion du christianisme en Angleterre.

25 février
Bx Robert d'Arbrissel
(vers 1045-1116)
Ermite et prêcheur itinérant, il a d'abord fondé l'abbaye de la Roë (Mayenne). « C'est la prière du cœur et non celle des lèvres qui est agréable à Dieu », rappelait ce prédicateur breton qui, en 1101, fonda l'abbaye Notre-Dame de Fontevraud (Maine-et-Loire).

26 février
St Agricole
(VIe siècle)
Évêque de Nevers (Nièvre) et ami du poète saint Venance Fortunat.

27 février
St Grégoire de Narek
(vers 950-vers 1010)
Né près du lac de Van (aujourd'hui en Turquie orientale), ce moine arménien est célèbre pour ses écrits de poésie mystique chrétienne (*Livre de Prières*, ou *Livre des Lamentations*). Proclamé docteur de l'Église en 2015.

28 février
Bx Daniel Brottier
(1876-1936)
« Quand j'ai une décision à prendre, je prie », expliquait ce prêtre de la congrégation du Saint-Esprit qui fut missionnaire au Sénégal, aumônier militaire, avant de s'atteler au redressement de l'œuvre des Orphelins Apprentis d'Auteuil. Béatifié en 1984.

Prions avec les textes de la messe

DU 1ER AU 28 FÉVRIER 2023

Partagez vos intentions de prière

....

....

....

....

....

....

....

....

....

Envoyez vos intentions de prière à :
Prions en Église, Intentions de prière, 18 rue Barbès, 92128 Montrouge Cedex.
Elles seront portées par les pèlerins qui partiront vivre la Semaine sainte à Rome, du 5 au 9 avril 2023.

MERCREDI 1ER FÉVRIER 2023

4E SEMAINE DU TEMPS ORDINAIRE COULEUR LITURGIQUE : VERT

Temps ordinaire, *suggestion d'oraisons et d'antiennes n° 13*

Antienne d'ouverture

Tous les peuples, battez des mains,
acclamez Dieu par vos cris de joie ! (Ps 46, 2)

Prière

Tu as voulu, Seigneur Dieu, que par la grâce de l'adoption filiale, nous devenions des enfants de lumière ; ne permets pas que nous soyons enveloppés des ténèbres de l'erreur, mais accorde-nous d'être toujours rayonnants dans la splendeur de ta vérité. Par Jésus… ***— Amen.***

Lecture

de la lettre aux Hébreux (12, 4-7. 11-15)

« Quand le Seigneur aime quelqu'un, il lui donne de bonnes leçons »

Frères, vous n'avez pas encore résisté jusqu'au sang dans votre lutte contre le péché, et vous avez oublié cette parole de réconfort, qui vous est adressée comme à des fils : *Mon fils, ne néglige pas les leçons du Seigneur, ne te décourage pas quand il te fait des reproches. Quand le Seigneur aime quelqu'un, il lui donne de bonnes leçons ; il corrige tous ceux qu'il accueille comme ses fils.* Ce que vous endurez est une leçon. Dieu se comporte envers vous comme envers des fils ; et quel est le fils auquel son

père ne donne pas des leçons ? Quand on vient de recevoir une leçon, on n'éprouve pas de la joie mais plutôt de la tristesse. Mais plus tard, quand on s'est repris grâce à la leçon, celle-ci produit un fruit de paix et de justice. C'est pourquoi, redressez les mains inertes et les genoux qui fléchissent, et rendez droits pour vos pieds les sentiers tortueux. Ainsi, celui qui boite ne se fera pas d'entorse ; bien plus, il sera guéri. Recherchez activement la paix avec tous, et la sainteté sans laquelle personne ne verra le Seigneur. Soyez vigilants : que personne ne se dérobe à la grâce de Dieu, qu'il ne pousse chez vous aucune plante aux fruits amers, cela causerait du trouble, et beaucoup en seraient infectés. – Parole du Seigneur.

Psaume 102 (103)

℟ ***L'amour du Seigneur, sur ceux qui le craignent, est de toujours à toujours.***

Bénis le Seigneur, ô mon âme,
bénis son nom très saint, tout mon être !
Bénis le Seigneur, ô mon âme,
n'oublie aucun de ses bienfaits ! ℟

Comme la tendresse du père pour ses fils,
la tendresse du Seigneur pour qui le craint !
Il sait de quoi nous sommes pétris,
il se souvient que nous sommes poussière. ℟

Mais l'amour du Seigneur,
sur ceux qui le craignent,
est de toujours à toujours,
et sa justice pour les enfants
de leurs enfants,
pour ceux qui gardent son alliance. ℟

Acclamation de l'Évangile

Alléluia. Alléluia. Mes brebis écoutent ma voix, dit le Seigneur ; moi, je les connais, et elles me suivent. ***Alléluia.***

Évangile de Jésus Christ

selon saint Marc (6, 1-6)

« Un prophète n'est méprisé que dans son pays »

En ce temps-là, Jésus se rendit dans son lieu d'origine, et ses disciples le suivirent. Le jour du sabbat, il se mit à enseigner dans la synagogue. De nombreux auditeurs, frappés d'étonnement, disaient : « D'où cela lui vient-il ? Quelle est cette sagesse qui lui a été donnée, et ces grands miracles qui se réalisent par ses mains ? N'est-il pas le charpentier, le fils de Marie, et le frère de Jacques, de José, dc Jude et de Simon ? Ses sœurs ne sont-elles pas ici chez nous ? » Et ils étaient profondément choqués à son sujet. Jésus leur disait : « Un prophète n'est méprisé que dans son pays, sa parenté et sa maison. » Et là il ne pouvait accomplir aucun miracle ; il guérit seulement quelques malades en leur imposant les mains. Et il s'étonna de leur manque de foi. Alors Jésus parcourait les villages d'alentour en enseignant.

Prière sur les offrandes

Seigneur Dieu, dans ta bonté, tu donnes à tes mystères de produire leurs effets ; nous t'en prions : que notre liturgie soit accordée à la sainteté de ces dons. Par le Christ, notre Seigneur. ***— Amen.***

Antienne de la communion

Bénis le Seigneur, ô mon âme,
bénis son nom très saint,
tout mon être ! (Ps 102, 1)

OU

Père, je te prie pour eux : qu'ils soient un en nous, eux aussi, pour que le monde croie que tu m'as envoyé, dit le Seigneur. (cf. Jn 17, 20-21)

Prière après la communion

Nous t'en prions, Seigneur, donne-nous d'être vivifiés par le sacrifice divin que nous avons offert et reçu en communion ; ainsi, reliés à toi par une charité qui ne passera jamais, nous porterons un fruit qui demeure pour toujours. Par le Christ, notre Seigneur.
— Amen.

INVITATION

« Bénis le Seigneur, ô mon âme », chante le psaume 102. Et si je commençais le mois en lisant dans son intégralité cette prière de confiance et de gratitude ?

COMMENTAIRE

Sur la route

Marc 6, 1-6

Jésus a multiplié les guérisons et miracles. Et soudain, le coup d'arrêt : « Là il ne pouvait accomplir aucun miracle. » Ces interruptions brutales, nous en connaissons parfois dans notre vie : un engagement ecclésial ou associatif qui s'achève, une vie de famille qui prend une direction inattendue et tout est chamboulé. Comme Jésus, nous avons à poursuivre notre route, dans la confiance en Dieu qui guide toute chose. ■

Bertrand Lesoing, prêtre de la communauté Saint-Martin

JEUDI 2 FÉVRIER 2023

COULEUR LITURGIQUE : BLANC

Présentation du Seigneur au Temple

CÉLÉBRATION DE LA LUMIÈRE

Tenant en main des cierges non allumés, le prêtre et les fidèles se rassemblent en un lieu déterminé en dehors ou à l'arrière de l'église. Tandis qu'on allume les cierges, on chante l'antienne suivante ou un autre chant qui convienne.

Antienne

Voici le Seigneur Dieu qui vient avec puissance ;
il vient illuminer notre regard, alléluia. (cf. Is 35, 4-5)

Le prêtre invite ensuite les fidèles à la célébration, en ces termes ou d'autres semblables :

Frères et sœurs bien-aimés, il y a quarante jours, nous avons célébré dans la joie la Nativité du Seigneur. Voici maintenant arrivé le jour où Jésus fut présenté au Temple par Marie et Joseph : il se conformait ainsi à la loi du Seigneur, mais, en vérité, il venait à la rencontre du peuple des croyants. En effet, le vieillard Syméon et la prophétesse Anne étaient venus au Temple, sous l'impulsion de l'Esprit Saint ; éclairés par ce même Esprit, ils reconnurent leur Seigneur et l'annoncèrent à tous avec enthousiasme. Il en va de même pour nous : rassemblés par l'Esprit Saint, avançons vers (dans) la maison de Dieu à la rencontre du Christ ; nous le trouverons, et nous le reconnaîtrons à la fraction du pain, en attendant sa venue dans la gloire.

JEUDI 2 FÉVRIER 2023

Après la monition, le prêtre bénit les cierges, en disant, les mains étendues, l'une des deux prières suivantes :

Dieu, source et origine de toute lumière, en ce jour tu as montré à Syméon le Juste la Lumière qui se révèle aux nations ; nous te supplions humblement : bénis ✠ et sanctifie ces cierges ; accueille les prières de ton peuple, qui s'est rassemblé pour les porter à la louange de ton Nom : qu'en avançant au droit chemin, nous parvenions à la lumière qui ne s'éteint jamais. Par le Christ, notre Seigneur. — ***Amen.***

OU

Seigneur Dieu, lumière véritable, source et foyer de la lumière éternelle, répands toujours sa clarté dans le cœur des fidèles ; donne à ceux qui portent ces cierges, et qui en sont illuminés dans ton temple saint, de parvenir sans encombre à la splendeur de ta gloire. Par le Christ, notre Seigneur. — ***Amen.***

Pendant la procession, tenant en main leurs cierges allumés, les fidèles chantent le cantique de Syméon (page suivante) ou un autre chant qui convienne.

Cantique de Syméon (Luc 2, 29-32)

℟ ***Lumière qui se révèle aux nations et donne gloire à ton peuple Israël.***

Maintenant, ô Maître souverain,
tu peux laisser ton serviteur s'en aller
en paix, selon ta parole. ℟

Car mes yeux ont vu le salut
que tu préparais à la face des peuples. ℟

Gloire au Père, et au Fils, et au Saint-Esprit,
au Dieu qui est, qui était et qui vient,
pour les siècles des siècles. Amen. ℟

CÉLÉBRATION EUCHARISTIQUE

Antienne d'ouverture

Dieu, nous accueillons ta miséricorde au milieu de ton temple.
Ta louange, comme ton nom couvre l'étendue de la terre.
Ta main droite est pleine de justice. (cf. Ps 47, 10-11)

Gloire à Dieu *(p. 213)*

Prière

Dieu éternel et tout-puissant, Dieu de majesté, nous t'adressons cette prière : puisque ton Fils unique, ayant pris notre chair, fut en ce jour présenté dans le Temple, fais que nous puissions, avec une âme purifiée, être présentés devant toi. Par Jésus… ***— Amen.***

JEUDI 2 FÉVRIER 2023

Lectures propres à la fête de la Présentation du Seigneur au Temple.

Lecture

de la lettre aux Hébreux (2, 14-18)

« Il lui fallait se rendre en tout semblable à ses frères »

Puisque les enfants des hommes ont en commun le sang et la chair, Jésus a partagé, lui aussi, pareille condition : ainsi, par sa mort, il a pu réduire à l'impuissance celui qui possédait le pouvoir de la mort, c'est-à-dire le diable, et il a rendu libres* tous ceux qui, par crainte de la mort, passaient toute leur vie dans une situation d'esclaves. Car ceux qu'il prend en charge, ce ne sont pas les anges, c'est la descendance d'Abraham. Il lui fallait donc se rendre en tout semblable à ses frères, pour devenir un grand prêtre miséricordieux et digne de foi pour les relations avec Dieu, afin d'enlever les péchés du peuple. Et parce qu'il a souffert jusqu'au bout l'épreuve de sa Passion, il est capable de porter secours à ceux qui subissent une épreuve.

– Parole du Seigneur.

On peut aussi lire le livre du prophète Malachie 3, 1-4.

Psaume 23 (24)

℟ ***C'est le Seigneur, Dieu de l'univers ; c'est lui, le roi de gloire.***

Portes, levez vos frontons,
élevez-vous, portes éternelles :
qu'il entre, le roi de gloire ! ℟

Qui est ce roi de gloire ?
C'est le Seigneur, le fort, le vaillant,
le Seigneur, le vaillant des combats. ℟

Portes, levez vos frontons,
levez-les, portes éternelles :
qu'il entre, le roi de gloire ! R/

Qui donc est ce roi de gloire ?
C'est le Seigneur, Dieu de l'univers ;
c'est lui, le roi de gloire. R/

Acclamation de l'Évangile

Alléluia. Alléluia. Lumière qui se révèle aux nations et donne gloire à ton peuple Israël. ***Alléluia.***

Évangile de Jésus Christ

selon saint Luc (2, 22-40)

Lecture brève : 2, 22-32

« Mes yeux ont vu ton salut »

Quand fut accompli le temps prescrit par la loi de Moïse pour la purification, les parents de Jésus l'amenèrent à Jérusalem pour le présenter au Seigneur, selon ce qui est écrit dans la Loi : *Tout premier-né de sexe masculin sera consacré au Seigneur.* Ils venaient aussi offrir le sacrifice prescrit par la loi du Seigneur : *un couple de tourterelles ou deux petites colombes.* Or, il y avait à Jérusalem un homme appelé Syméon. C'était un homme juste et religieux, qui attendait la Consolation d'Israël, et l'Esprit Saint était sur lui. Il avait reçu de l'Esprit Saint l'annonce qu'il ne verrait pas la mort avant d'avoir vu le Christ, le Messie du Seigneur. Sous l'action de l'Esprit, Syméon vint au Temple. Au moment où les parents présentaient l'enfant Jésus pour se conformer au rite de la Loi qui le concernait, Syméon reçut l'enfant dans ses bras, et il bénit Dieu en disant : « Maintenant, ô Maître souverain, tu peux laisser ton serviteur s'en aller en paix, selon ta parole. Car mes yeux ont vu le salut que tu préparais à la face des peuples : lumière qui se révèle aux nations et donne gloire à ton peuple Israël. »

Fin de la lecture brève

Le père et la mère de l'enfant s'étonnaient de ce qui était dit de lui. Syméon les bénit, puis il dit à Marie sa mère : « Voici que cet enfant provoquera la chute et le relèvement de beaucoup en Israël. Il sera un signe de contradiction – et toi, ton âme sera traversée d'un glaive – : ainsi seront dévoilées les pensées qui viennent du cœur d'un grand nombre. »

Il y avait aussi une femme prophète, Anne, fille de Phanuel, de la tribu d'Aser. Elle était très avancée en âge ; après sept ans de mariage, demeurée veuve, elle était arrivée à l'âge de 84 ans. Elle ne s'éloignait pas du Temple, servant Dieu jour et nuit dans le jeûne et la prière. Survenant à cette heure même, elle proclamait les louanges de Dieu et parlait de l'enfant à tous ceux qui attendaient la délivrance de Jérusalem.

Lorsqu'ils eurent achevé tout ce que prescrivait la loi du Seigneur, ils retournèrent en Galilée, dans leur ville de Nazareth.

L'enfant, lui, grandissait et se fortifiait, rempli de sagesse, et la grâce de Dieu était sur lui.

Prière sur les offrandes

Nous t'en prions, Seigneur : que les dons de l'Église en fête te soient agréables, toi qui as voulu que ton Fils unique, l'Agneau sans tache, te soit offert pour la vie du monde. Lui qui… ***— Amen.***

Prière eucharistique

(Préface de la Présentation du Seigneur)

Vraiment, il est juste et bon, pour ta gloire et notre salut, de t'offrir notre action de grâce, toujours et en tout lieu, Seigneur, Père très saint, Dieu éternel et tout-puissant. Aujourd'hui, ton Fils éternel est présenté dans le Temple, et l'Esprit Saint le désigne comme la gloire d'Israël ton peuple et la lumière des nations. Joyeux, nous aussi, d'aller à la rencontre du Sauveur, nous te chantons avec les anges et tous les saints, et sans fin nous proclamons :
Saint ! Saint ! Saint...

Antienne de la communion

Mes yeux ont vu le salut
que tu préparais à la face
des peuples. (Lc 2, 30-31)

Prière après la communion

Par la nourriture sainte que nous avons reçue, accomplis en nous, Seigneur, l'œuvre de ta grâce, toi qui as comblé l'espérance de Syméon : il n'a pas vu la mort sans qu'il lui fût donné d'accueillir le Christ ; donne-nous aussi d'avancer à la rencontre du Seigneur et d'obtenir la vie éternelle. Par le Christ, notre Seigneur. **— *Amen.***

INVITATION

C'est aujourd'hui la Journée mondiale de la vie consacrée.
Je peux prier pour que plus de personnes souhaitent suivre le Christ et se donner totalement à Dieu.

COMMENTAIRE

Patience et longueur de temps Luc 2, 22-40

Ils sont âgés, ils auraient pu se lasser à force d'attendre et de patienter. Mais telles des sentinelles, ils ont gardé le cœur en éveil, alliant la sagesse de l'âge à l'enthousiasme intact de la jeunesse. Alors, lorsqu'ils aperçoivent Joseph, Marie et l'Enfant Jésus s'avancer dans le Temple, tout s'éclaire pour le vieillard Syméon et la prophétesse Anne. Leur attente est récompensée. Avant de voir en pleine lumière, nous avons aussi à accueillir ces longues périodes de clair-obscur où Dieu tarde à se manifester ! ■ *Bertrand Lesoing, prêtre de la communauté Saint-Martin*

❊ CLÉ DE LECTURE

« Il a rendu libres » Hébreux 2, 15 *(p. 20)*

Comme dans la lettre aux Romains (Rm 8, 15), la mention de la peur et de l'esclavage renvoie ici à l'Exode : le peuple qui vivait dans la servitude a dû affronter la peur de la mort pour partir, traverser la mer et prendre le risque de la liberté. C'est bien cette même peur qui, souvent, nous empêche de répondre librement à l'appel d'aimer, au risque d'exposer notre vie. Or, Jésus a vécu une vie semblable à la nôtre. Comme nous, il a affronté l'angoisse et le sentiment d'abandon. Mais en mourant librement, dans la remise de soi au Père et le pardon accordé, il a vaincu la puissance terrifiante de la mort. En se saisissant par amour de sa propre mort, il nous a ouvert le chemin : elle reste l'épreuve que chacun doit traverser mais il nous la fait traverser avec lui. ■ *Roselyne Dupont-Roc, bibliste*

VENDREDI 3 FÉVRIER 2023

4E SEMAINE DU TEMPS ORDINAIRE COULEUR LITURGIQUE : VERT

Temps ordinaire, *suggestion d'oraisons et d'antiennes n° 14*
ou **saint Anschaire** *ou* **saint Blaise**

Antienne d'ouverture

Dieu, nous accueillons ta miséricorde
au milieu de ton temple.
Ta louange, comme ton nom,
Seigneur Dieu, couvre l'étendue de la terre.
Ta main droite est pleine de justice. (cf. Ps 47, 10-11)

Prière

Seigneur Dieu, par l'abaissement de ton Fils, tu as relevé le monde déchu ; donne à tes fidèles une joie sainte : tu les as tirés de l'esclavage du péché ; fais-leur connaître le bonheur éternel. Par Jésus… ***– Amen.***

Lecture

de la lettre aux Hébreux (13, 1-8)

« Jésus Christ, hier et aujourd'hui, est le même, il l'est pour l'éternité »

Frères, que demeure l'amour fraternel ! N'oubliez pas l'hospitalité : elle a permis à certains, sans le savoir, de recevoir chez eux des anges. Souvenez-vous de ceux qui sont en prison, comme si vous étiez prisonniers avec eux. Souvenez-vous de ceux qui sont maltraités, car vous aussi, vous avez un corps. Que le mariage soit honoré de tous, que l'union

conjugale ne soit pas profanée, car les débauchés et les adultères seront jugés par Dieu. Que votre conduite ne soit pas inspirée par l'amour de l'argent : contentez-vous de ce que vous avez, car Dieu lui-même a dit : *Jamais je ne te lâcherai, jamais je ne t'abandonnerai.* C'est pourquoi nous pouvons dire en toute assurance : *Le Seigneur est mon secours, je n'ai rien à craindre ! Que pourrait me faire un homme ?* Souvenez-vous de ceux qui vous ont dirigés : ils vous ont annoncé la parole de Dieu. Méditez sur l'aboutissement de la vie qu'ils ont menée, et imitez leur foi. Jésus Christ, hier et aujourd'hui, est le même, il l'est pour l'éternité. – Parole du Seigneur.

Psaume 26 (27)

℟ ***Le Seigneur est ma lumière et mon salut.***

Le Seigneur est ma lumière et mon salut ;
de qui aurais-je crainte ?
Le Seigneur est le rempart de ma vie ;
devant qui tremblerais-je ? ℟

Qu'une armée se déploie devant moi,
mon cœur est sans crainte ;
que la bataille s'engage contre moi,
je garde confiance. ℟

Oui, il me réserve un lieu sûr
au jour du malheur ;
il me cache au plus secret de sa tente,
il m'élève sur le roc. ℟

C'est ta face, Seigneur, que je cherche :
ne me cache pas ta face.
N'écarte pas ton serviteur avec colère :
tu restes mon secours. ℟

Acclamation de l'Évangile

Alléluia. Alléluia. Heureux ceux qui ont entendu la Parole dans un cœur bon et généreux, qui la retiennent et portent du fruit par leur persévérance. ***Alléluia.***

Évangile de Jésus Christ

selon saint Marc (6, 14-29)

« Celui que j'ai fait décapiter, Jean, le voilà ressuscité ! »

En ce temps-là, comme le nom de Jésus devenait célèbre, le roi Hérode en entendit parler. On disait : « C'est Jean, celui qui baptisait : il est ressuscité d'entre les morts, et voilà pourquoi des miracles se réalisent par lui. » Certains disaient : « C'est le prophète Élie. » D'autres disaient encore : « C'est un prophète comme ceux de jadis. » Hérode entendait ces propos et disait : « Celui que j'ai fait décapiter, Jean, le voilà ressuscité ! » Car c'était lui, Hérode, qui avait donné l'ordre d'arrêter Jean et de l'enchaîner dans la prison, à cause d'Hérodiade, la femme de son frère Philippe, que lui-même avait prise pour épouse. En effet, Jean lui disait : « Tu n'as pas le droit de prendre la femme de ton frère. » Hérodiade en voulait donc à Jean, et elle cherchait à le faire mourir. Mais elle n'y arrivait pas parce que Hérode avait peur de Jean : il savait que c'était un homme juste et saint, et il le protégeait ; quand il l'avait entendu, il était très embarrassé ; cependant il l'écoutait avec plaisir. Or, une occasion favorable se présenta quand, le jour de son anniversaire, Hérode fit un dîner pour ses dignitaires, pour les chefs de l'armée et pour les notables de la Galilée. La fille d'Hérodiade fit son entrée et dansa. Elle plut à Hérode et

à ses convives. Le roi dit à la jeune fille : « Demande-moi ce que tu veux, et je te le donnerai. » Et il lui fit ce serment : « Tout ce que tu me demanderas, je te le donnerai, même si c'est la moitié de mon royaume. » Elle sortit alors pour dire à sa mère : « Qu'est-ce que je vais demander ? » Hérodiade répondit : « La tête de Jean, celui qui baptise. » Aussitôt la jeune fille s'empressa de retourner auprès du roi, et lui fit cette demande : « Je veux que, tout de suite, tu me donnes sur un plat la tête de Jean le Baptiste. » Le roi fut vivement contrarié ; mais à cause du serment et des convives, il ne voulut pas lui opposer un refus. Aussitôt il envoya un garde avec l'ordre d'apporter la tête de Jean. Le garde s'en alla décapiter Jean dans la prison. Il apporta la tête sur un plat, la donna à la jeune fille, et la jeune fille la donna à sa mère.
Ayant appris cela, les disciples de Jean vinrent prendre son corps et le déposèrent dans un tombeau.

Prière sur les offrandes

Puissions-nous être purifiés, Seigneur, par l'offrande consacrée à ton nom ; qu'elle nous conduise, de jour en jour, à vivre de la vie du ciel. Par le Christ, notre Seigneur. **— *Amen.***

Antienne de la communion

Goûtez et voyez : le Seigneur est bon !
Heureux qui trouve en lui
son refuge ! (Ps 33, 9)
OU

Venez à moi, vous tous qui peinez
sous le poids du fardeau,
et moi, je vous procurerai le repos,
dit le Seigneur. (Mt 11, 28)

Prière après la communion

Comblés de si grands bienfaits, nous te supplions, Seigneur : fais que nous en retirions des fruits pour notre salut et que jamais nous ne cessions de chanter ta louange. Par le Christ, notre Seigneur. — ***Amen.***

INVITATION

Saint Blaise de Sébaste, fêté aujourd'hui, était un évêque arménien du IVe siècle. C'est peut-être un bon jour pour prier pour l'apaisement des relations de ce pays avec ses voisins.

COMMENTAIRE

Une question ouverte

Marc 6, 14-29

Une mort bête, inutile, conséquence d'un engagement absurde pris par Hérode : en apparence, Jean le Baptiste, le Précurseur, le dernier des grands prophètes, ne connaît pas une mort à la hauteur de son rôle dans l'histoire du salut. En cela aussi, il fraie la voie à son cousin, le Christ Jésus. Le sens de ces événements demeure caché en Dieu. Ne cherchons pas trop rapidement à en percer le mystère. Face à des drames aussi incompréhensibles, le silence est parfois de mise. Les vivre dans la foi ne signifie pas nécessairement obtenir une réponse à toutes nos questions. ■

Bertrand Lesoing, *prêtre de la communauté Saint-Martin*

SAMEDI 4 FÉVRIER 2023

4ᴱ SEMAINE DU TEMPS ORDINAIRE COULEUR LITURGIQUE : VERT

Temps ordinaire, *suggestion d'oraisons et d'antiennes n° 15*
ou **bienheureuse Vierge Marie,** *voir p. 35*

Antienne d'ouverture

Moi, par ta justice, je verrai ta face ;
quand ta gloire se manifestera, je serai rassasié.
(cf. Ps 16, 15)

Prière

Seigneur Dieu, tu montres aux égarés la lumière de ta vérité pour qu'ils puissent reprendre le bon chemin ; donne à tous ceux qui se déclarent chrétiens de rejeter ce qui est contraire à ce nom et de rechercher ce qui lui fait honneur. Par Jésus…
— Amen.

Lecture

de la lettre aux Hébreux (13, 15-17. 20-21)

« Que le Dieu de la paix, lui qui a fait remonter d'entre les morts le Pasteur par excellence, vous forme en tout ce qui est bon »

Frères, en toute circonstance, offrons à Dieu, par Jésus, un sacrifice de louange, c'est-à-dire les paroles de nos lèvres qui proclament son nom. N'oubliez pas d'être généreux et **de partager. C'est par de tels sacrifices que l'on plaît à Dieu. Faites confiance à ceux qui vous dirigent et soyez-leur soumis ; en effet, ils sont là pour veiller sur vos âmes, ce dont ils auront**

à rendre compte. Ainsi, ils accompliront leur tâche avec joie, sans avoir à se plaindre, ce qui ne vous serait d'aucun profit.
Que le Dieu de la paix, lui qui a fait remonter d'entre les morts, grâce au sang de l'Alliance éternelle, le berger des brebis, le Pasteur par excellence, notre Seigneur Jésus, que ce Dieu vous forme en tout ce qui est bon pour accomplir sa volonté, qu'il réalise en nous ce qui est agréable à ses yeux, par Jésus Christ, à qui appartient la gloire pour les siècles des siècles. Amen.
– Parole du Seigneur.

Psaume 22 (23)

℟ ***Le Seigneur est mon berger : rien ne saurait me manquer.***

Le Seigneur est mon berger :
je ne manque de rien.
Sur des prés d'herbe fraîche,
il me fait reposer. ℟

Il me mène vers les eaux tranquilles
et me fait revivre ;
il me conduit par le juste chemin
pour l'honneur de son nom. ℟

Si je traverse les ravins de la mort,
je ne crains aucun mal,
car tu es avec moi :
ton bâton me guide et me rassure. ℟

Tu prépares la table pour moi
devant mes ennemis ;
tu répands le parfum sur ma tête,
ma coupe est débordante. ℟

Grâce et bonheur m'accompagnent
tous les jours de ma vie ;
j'habiterai la maison du Seigneur
pour la durée de mes jours. ℟

Acclamation de l'Évangile

Alléluia. Alléluia. Mes brebis écoutent ma voix, dit le Seigneur ; moi, je les connais, et elles me suivent. ***Alléluia.***

Évangile de Jésus Christ

selon saint Marc (6, 30-34)

« Ils étaient comme des brebis sans berger »

En ce temps-là, les Apôtres se réunirent auprès de Jésus, et lui annoncèrent tout ce qu'ils avaient fait et enseigné. Il leur dit : « Venez à l'écart dans un endroit désert, et reposez-vous un peu. » De fait, ceux qui arrivaient et ceux qui partaient étaient nombreux, et l'on n'avait même pas le temps de manger. Alors, ils partirent en barque pour un endroit désert, à l'écart. Les gens les virent s'éloigner, et beaucoup comprirent leur intention. Alors, à pied, de toutes les villes, ils coururent là-bas et arrivèrent avant eux. En débarquant, Jésus vit une grande foule. Il fut saisi de compassion envers eux, parce qu'ils étaient comme des brebis sans berger. Alors, il se mit à les enseigner longuement*.

Prière sur les offrandes

Regarde, Seigneur, les dons de l'Église qui te supplie : accorde à tes fidèles qui vont les recevoir la grâce d'une sainteté plus grande. Par le Christ, notre Seigneur. — ***Amen.***

Antienne de la communion

Le passereau lui-même s'est trouvé
une maison, et la tourterelle,
un nid pour abriter sa couvée :
tes autels, Seigneur de l'univers,
mon Roi et mon Dieu !
Heureux les habitants de ta maison :
ils te loueront pour les siècles
des siècles. (cf. Ps 83, 4-5)

OU

Celui qui mange ma chair et boit
mon sang demeure en moi, et moi,
je demeure en lui, dit le Seigneur.
(Jn 6, 56)

Prière après la communion

Nous avons reçu tes bienfaits, Seigneur, et nous te supplions : chaque fois que nous célébrons ce mystère, fais grandir en nous ton œuvre de salut. Par le Christ, notre Seigneur. – ***Amen.***

INVITATION

Jésus invite ses disciples à se retirer dans un lieu désert pour se reposer. Moi aussi, dans la solitude, je peux reprendre des forces pour mieux m'ouvrir au partage.

COMMENTAIRE

Un temps pour tout

Marc 6, 30-34

Les Apôtres reviennent de mission et font le récit de tout ce qu'ils ont vécu. Avant même de s'octroyer un repos bien mérité, ils prennent le temps de la mémoire, de l'action de grâce, de l'émerveillement devant l'œuvre de Dieu. Ne négligeons pas ce temps et ce travail de mémoire : au tréfonds de chacune de nos vies, aussi ordinaires soient-elles, se cachent des traces du passage de Dieu, des gestes simples de fraternité, autant de trésors insoupçonnés que nous avons à redécouvrir. ■

***Bertrand Lesoing,** prêtre de la communauté Saint-Martin*

❊ CLÉ DE LECTURE

« Il se mit à les enseigner longuement »

Marc 6, 34 *(p. 32)*

Le récit conjugue le pain et la parole, au point qu'ils paraissent interchangeables. Que cherchent les foules qui suivent Jésus au bord du lac et s'accrochent à lui ? Le texte ne le dit pas, mais souligne la faim des disciples qui n'ont pas le temps de manger. Jésus se présente comme le berger qu'annonçait Ézékiel (Ez 34, 15-23) affirmant que Dieu lui-même emmenait son peuple au désert. La nourriture qu'il offre alors à ces foules qui ne savent pas ce qu'elles cherchent, c'est sa parole et son enseignement. Il invitera ensuite les disciples à les nourrir de pain. Les premiers groupes chrétiens savaient qu'ils pouvaient trouver une source inépuisable de vie nouvelle dans la Parole et le Pain donnés par le Seigneur toujours vivant au milieu d'eux. ■

***Roselyne Dupont-Roc,** bibliste*

Bienheureuse Vierge Marie

Couleur liturgique : blanc ou vert

Les samedis du temps ordinaire sans mémoire obligatoire, on peut faire mémoire de la Vierge Marie, selon une tradition qui honore la foi et l'espérance sans défaut de Marie le Samedi saint.

Antienne d'ouverture

Bienheureuse es-tu, Vierge Marie :
tu as porté le Créateur de l'univers,
tu as mis au monde celui qui t'a faite,
et tu demeures toujours vierge.

Prière

Dieu de miséricorde, viens au secours de notre faiblesse : puisque nous faisons mémoire de la sainte Mère de Dieu, fais que, soutenus par son intercession, nous soyons relevés de nos péchés. Par Jésus Christ… — ***Amen.***

OU

Que vienne à notre aide, Seigneur, nous t'en prions, l'admirable intercession de la bienheureuse Marie toujours vierge ; qu'elle nous obtienne la joie de vivre dans la paix que tu nous donnes, délivrés de tout péril. Par Jésus Christ… — ***Amen.***

Prière sur les offrandes

En rendant hommage à la Mère de ton Fils, Seigneur, nous te supplions : que le sacrifice offert en ce jour fasse de nous, par le don de ta grâce, une éternelle offrande à ta gloire. Par le Christ, notre Seigneur. — ***Amen.***

Préface de la Vierge Marie, p.221.

Antienne de la communion

Le Puissant fit pour moi des
merveilles ; Saint est son nom. (Lc 1, 49)

Prière après la communion

Tu nous as fait participer à la rédemption éternelle, et nous te prions, Seigneur : alors que nous faisons mémoire de la Mère de ton Fils, comble-nous de la plénitude de ta grâce, et fais-nous éprouver toujours davantage les effets du salut. Par le Christ, notre Seigneur. — ***Amen.***

DIMANCHE 5 FÉVRIER 2023

5E DIMANCHE DU TEMPS ORDINAIRE

ANNÉE A - COULEUR LITURGIQUE : VERT

« On n'allume pas une lampe pour la mettre sous le boisseau. »

Matthieu 5, 15

Être le sel de la terre. Être la lumière du monde. Le Seigneur ne demande pas à ses disciples de passer inaperçus, d'occulter ce qui les fait vivre. Bien au contraire, il compte sur eux pour donner à tous le goût de la vie en Dieu. Il s'appuie sur leur bonne volonté pour apporter au monde la lumière de l'espérance. À leur suite, devenons de joyeux témoins de la Bonne Nouvelle.

RITES INITIAUX

Chant d'entrée *(Suggestions p. 241)*

OU

Antienne d'ouverture

Venez, adorons Dieu,
prosternons-nous devant le Seigneur qui nous a faits,
car il est notre Dieu.
(cf. Ps 94, 6-7)

Suggestion de préparation pénitentielle *(ou p. 211)*

Frères et sœurs, en ce dimanche où le Christ nous appelle à être lumière en ce monde, préparons-nous à célébrer le mystère de l'eucharistie en reconnaissant que nous avons péché.

Prends pitié de nous, Seigneur, toi qui es la lumière des cœurs droits, toi qui t'es levé dans les ténèbres.

– Nous avons péché contre toi.

Montre-nous ta miséricorde, ô Jésus, toi qui donnes aux pauvres à pleines mains.

– Et donne-nous ton salut.

Que Dieu tout-puissant nous fasse miséricorde ; qu'il nous pardonne nos péchés et nous conduise à la vie éternelle. ***– Amen.***

Gloire à Dieu *(p. 213)*

Prière

Dans ton inlassable tendresse, nous t'en prions, Seigneur, veille sur ta famille : elle s'appuie sur la grâce du ciel, son unique espérance; qu'elle soit toujours assurée de ta protection. Par Jésus… – ***Amen.***

LITURGIE DE LA PAROLE

Lecture du livre du prophète Isaïe (58, 7-10)

« Ta lumière jaillira comme l'aurore »

Ainsi parle le Seigneur : Partage ton pain avec celui qui a faim, accueille chez toi les pauvres sans abri, couvre celui que tu verras sans vêtement, ne te dérobe pas à ton semblable. Alors ta lumière jaillira comme l'aurore, et tes forces reviendront vite. Devant toi marchera ta justice, et la gloire du Seigneur fermera la marche. Alors, si tu appelles, le Seigneur répondra; si tu cries, il dira : « Me voici. » Si tu fais disparaître de chez toi le joug, le geste accusateur, la parole malfaisante, si tu donnes à celui qui a faim ce que toi, tu désires, et si tu combles les désirs du malheureux, ta lumière se lèvera dans les ténèbres et ton obscurité sera lumière de midi.

– Parole du Seigneur.

Psaume 111 (112)

℟ ***Lumière des cœurs droits, le juste s'est levé dans les ténèbres.***
OU ***Alléluia !***

T. : AELF ; M. : J.-P. Lécot ; Éd. : ADF.

Lumière des cœurs droits, il s'est levé dans les ténèbres,
homme de justice, de tendresse et de pitié.
L'homme de bien a pitié, il partage ;
il mène ses affaires avec droiture. ℟

Cet homme jamais ne tombera ;
toujours on fera mémoire du juste.
Il ne craint pas l'annonce d'un malheur :
le cœur ferme, il s'appuie sur le Seigneur. ℟

℟ ***Lumière des cœurs droits, le juste s'est levé dans les ténèbres.***
OU ***Alléluia !***

Son cœur est confiant, il ne craint pas.
À pleines mains, il donne au pauvre ;
à jamais se maintiendra sa justice,
sa puissance grandira, et sa gloire ! ℟

Lecture de la première lettre de saint Paul apôtre aux Corinthiens (2, 1-5)

Je suis venu vous annoncer le mystère du Christ crucifié

Frères, quand je suis venu chez vous, je ne suis pas venu vous annoncer le mystère de Dieu avec le prestige du langage ou de la sagesse. Parmi vous, je n'ai rien voulu connaître d'autre que Jésus Christ, ce Messie crucifié. Et c'est dans la faiblesse, craintif et tout tremblant, que je me suis présenté à vous. Mon langage, ma proclamation de l'Évangile, n'avaient rien d'un langage de sagesse qui veut convaincre ; mais c'est l'Esprit et sa puissance qui se manifestaient, pour que votre foi repose, non pas sur la sagesse des hommes, mais sur la puissance de Dieu.

– Parole du Seigneur.

Acclamation de l'Évangile

Alléluia. Alléluia. Moi, je suis la lumière du monde, dit le Seigneur. Celui qui me suit aura la lumière de la vie. ***Alléluia.***

L 31-34; M. : H. Schütz, domaine public; Psalmodie : M. Wackenheim, Bayard Liturgie.

Évangile de Jésus Christ selon saint Matthieu (5, 13-16)

« Vous êtes la lumière du monde »

En ce temps-là, Jésus disait à ses disciples : « Vous êtes le sel de la terre. Mais si le sel devient fade, comment lui rendre de la saveur ? Il ne vaut plus rien : on le jette dehors et il est piétiné par les gens.

« Vous êtes la lumière du monde. Une ville située sur une montagne ne peut être cachée. Et l'on n'allume pas une lampe pour la mettre sous le boisseau ; on la met sur le lampadaire, et elle

brille pour tous ceux qui sont dans la maison. De même, que votre lumière brille devant les hommes : alors, voyant ce que vous faites de bien, ils rendront gloire à votre Père qui est aux cieux. »

Homélie

Profession de foi *(p. 214)*

Suggestion de prière universelle

Le prêtre :

« Vous êtes la lumière du monde. » Avec foi, demandons au Christ d'apporter la lumière de l'espérance à tous les habitants du monde. Confions-lui toutes nos demandes.

℟ ***Entends, Seigneur, la prière qui monte de nos cœurs.***

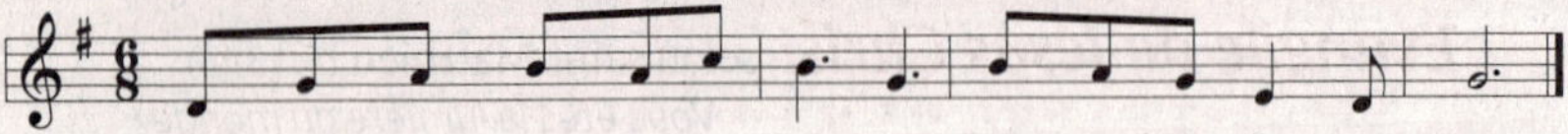

Bayard Liturgie.

Le diacre ou un lecteur :

« Si le sel devient fade, comment lui rendre sa saveur ? » Ô Christ, nous te prions pour toute l'Église. Aide-la à apporter la saveur inégalée de la Bonne Nouvelle dans le monde entier. Ensemble, prions. ℟

« Que votre lumière brille devant les hommes. » Ô Christ, nous te prions pour tous les responsables politiques animés par leur foi en ton amour. Donne-leur le courage de leurs convictions. Ensemble, prions. ℟

« Partage ton pain avec celui qui a faim. » Ô Christ, nous te prions pour tous ceux qui souffrent du froid et de la faim. Soutiens les personnes et les associations qui leur viennent en aide. Ensemble, prions. ℟

« Vous êtes le sel de la terre. » Ô Christ, nous te prions pour notre paroisse. Donne-lui d'être de plus en plus une communauté de foi, de fraternité et d'accueil envers les plus démunis. Ensemble prions avec le pape François. ℟

(Ces intentions seront adaptées ou modifiées selon les circonstances.)

Le prêtre : Seigneur Jésus, toi notre lumière, tu veilles sur tous les hommes. Exauce nos prières, toi qui vis et règnes pour les siècles des siècles. ***— Amen.***

LITURGIE EUCHARISTIQUE

Prière sur les offrandes

Seigneur notre Dieu, tu as choisi dans ta création ces aliments qui soutiennent notre fragilité ; nous t'en prions : fais qu'ils deviennent aussi pour nous le sacrement de la vie éternelle. Par le Christ, notre Seigneur. ***— Amen.***

Prière eucharistique *(Préface des dimanches, p. 219)*

Chant de communion (Suggestions p. 241)

OU

Antienne de la communion

Qu'ils rendent grâce au Seigneur pour sa miséricorde,
pour ses merveilles envers les hommes :
car il rassasie l'âme épuisée, il comble de biens celle qui a faim !
(cf. Ps 106, 8-9)

OU

Heureux ceux qui pleurent, car ils seront consolés.
Heureux ceux qui ont faim et soif de la justice,
car ils seront rassasiés. (Mt 5, 4. 6)

Prière après la communion

Tu as voulu, Seigneur Dieu, que nous ayons part au même pain et à la même coupe ; nous t'en prions : puisque nous sommes devenus un dans le Christ, que notre manière de vivre nous donne la joie de porter du fruit pour le salut du monde. Par le Christ, notre Seigneur.
— Amen.

RITE DE CONCLUSION

Bénédiction et envoi

COMMENTAIRE DU DIMANCHE

Karem Bustica, rédactrice en chef de *Prions en Église*

Briller de l'amour de Dieu

La lumière resplendit de tous ses rayons dans les lectures de ce jour. Et parmi ses nombreuses qualités, nous lui reconnaissons celle de nous permettre de voir un peu plus clair. Le prophète Isaïe, au chapitre 58 de son livre, rappelle au peuple le chemin qui mène à Dieu. Ni le jeûne ni les sacrifices, mais un cœur semblable à celui de Dieu. Un cœur juste, tendre, généreux, débordant de pitié. Un cœur où jaillit la lumière, où Dieu vient effacer les ténèbres. Dieu répond quand l'homme appelle, il est là quand l'homme crie. Dieu est la lumière de l'homme au cœur miséricordieux.

L'apôtre Paul proclame aux Corinthiens le mystère d'un Dieu humble, un Messie crucifié. Dieu se manifeste par la puissance de son Esprit et non pas par des moyens prestigieux ni des •••

••• arguments éloquents. Il peut nous arriver de suivre des mirages ou de nous disperser, poursuivant des reflets qui ne sont pas Dieu. L'interrogation de l'apôtre reste alors très actuelle : sur quoi, sur qui repose notre foi ? C'est au prix de cette réponse que nous sommes la lumière du monde. Il n'est nullement question de beauté rayonnante, ni d'intelligence éblouissante, ni de foi radieuse... Être la lumière du monde, c'est briller du feu de l'amour de Dieu.
Il nous arrive de demander la lumière de l'Esprit Saint, au moment de discerner une décision par exemple. Alors, demandons-lui de nous éclairer pour mieux voir et découvrir qui il est.

Que veut dire pour moi « être le sel de la terre » ?
Que veut dire pour moi « être la lumière du monde » ? ■

PrionsenEglise junior

LIRE L'ÉVANGILE AVEC LES ENFANTS

CE QUE JE DÉCOUVRE

Des frites sans sel, c'est fade ! En revanche, avec un peu de sel, le plat devient tout de suite plus savoureux ! **Le sel, on ne le voit pas, mais il donne du goût.** Jésus, c'est pareil : les gens ne le voient pas mais, à travers nous, elles peuvent goûter sa présence. Nous avons tous quelque chose à donner. En apportant la joie, la paix, l'amour aux habitants de la terre, nous savourons la vie ensemble, au nom de Jésus. Nous croyons en Dieu, nous lui faisons confiance. **À notre tour, « assaisonnons » le monde de sa présence !**

CE QUE JE VIS

Quelles sont tes qualités, celles qui amènent de la « saveur » autour de toi ?
Comment mets-tu ces qualités au service des autres ?
Regarde par la fenêtre. Et demande à Jésus : « Fais de moi le sel de la terre et la lumière du monde. »

5 - 11

Texte : Cédric Kunz. Illustrations : Marcelino Truong

MÉDITATION BIBLIQUE

5E DIMANCHE DU TEMPS ORDINAIRE

1re lettre de saint Paul aux Corinthiens 2, 1-5

Dans la puissance de l'Esprit

À l'heure de la communication de masse et d'une Église fragilisée, Paul nous donne à méditer. Qu'est-ce qui distingue une annonce de la Bonne Nouvelle faite dans la puissance de l'Esprit d'un discours élaboré selon une sagesse humaine ?

Le temps de la préparation

« Ma grâce te suffit, ma force se déploie dans la faiblesse. » (cf. 2 Co 12, 9)

Le temps de l'observation

Nous sommes en présence d'un propos à la première personne. Contesté pour sa parole considérée comme nulle au regard des discours de la sagesse grecque (2 Co 10, 10), Paul, moins éloquent que ses confrères dans l'apostolat (cf. 1 Co 1), justifie sa prédication. Il n'a pas essayé de « convaincre » – autrement dit, ici, de séduire ses auditeurs pour les « amener » au Christ. Ce qui serait revenu à aliéner leur liberté en les atta-chant à lui et aux artifices d'un langage prestigieux mais pas forcément juste. Non, il s'est présenté à eux dans sa vérité, faible, « craintif et tout tremblant », tant la mission d'annoncer Jésus Christ le dépassait. Comme son Maître au désert (Mt 4, 1-11), il a refusé tous les subterfuges pour s'imposer à autrui par la force du langage et des signes. L'ultime faiblesse de Jésus Christ sur la Croix n'est-elle pas le point culminant de la révélation de son amour pour l'humanité ?

Le temps de la méditation

Si certains Corinthiens reçoivent mal l'enseignement de Paul, c'est qu'ils sont prisonniers de préjugés liés à leur culture. Ils se laissent fasciner par les belles prédications, les personnalités brillantes, la réussite humaine, les manifestations extraordinaires, en oubliant le primat de l'amour (1 Co 12, 1-13). Nos présupposés ne sont peut-être pas tout à fait les mêmes aujourd'hui, mais d'autres, a priori, peuvent nous fermer à la puissance de l'Esprit, nous faisant perdre notre capacité de discernement (surinvestissement de l'affectif, besoin éperdu de reconnaissance qui rend vulnérable à la flatterie, importance du paraître…). La lecture des récits de la tentation de Jésus au désert peut être une aide précieuse pour avancer dans une meilleure connaissance de nous-mêmes et une plus grande disponibilité au travail de l'Esprit et éviter ces pièges que sont les signes extraordinaires, le refus des médiations et de l'inscription dans le temps. Sans oublier la méditation qui décline les fruits de l'Esprit de liberté, de l'Esprit de sainteté, de l'Esprit de vérité (cf. Ga 5, 22).

Le temps de la prière

« "Jésus Christ est Seigneur" à la gloire de Dieu le Père. » (Ph 2, 11). ■

Emmanuelle Billoteau, ermite

DES IMAGES POUR LA FOI

LIVRE D'ISAÏE 58, 7-10

Le manteau rouge

Cet épisode emblématique de la vie de saint Martin résonne avec la 1re lecture. Il rappelle que pour un chrétien, « le pauvre, c'est Jésus Christ ».

Les austères murailles de l'antique cité gallo-romaine d'Amiens se dressent dans la morne lumière d'un jour d'hiver. Les pierres comme le ciel ont pris la couleur de la neige qui devient boueuse. Au premier plan, un homme à moitié vêtu se fond dans ce paysage terne. Transi de froid, ployant sous son fardeau, il n'a même pas la force de lever les yeux vers le cavalier qui s'est arrêté à ses côtés. Pourtant, au milieu de toute cette grisaille, l'éclat du manteau rouge est comme une lueur d'espoir. Ce manteau partagé par l'épée de Martin, c'est la chaleur de l'amour divin qui rejoint le plus démuni. Il fait écho au manteau rouge dont les soldats couvrent Jésus au moment de la Passion (Mt 27, 28). La tradition précise d'ailleurs que, la nuit suivante, Martin verra en songe le Christ revêtu du manteau qu'il a partagé. L'artiste peint le pauvre homme vacillant sous le poids de son fagot pour qu'il puisse nous faire penser aussi à Jésus ployant sous le bois de la Croix. Une façon de nous rappeler la parole de l'Évangile : « Chaque fois que vous l'avez fait à l'un de ces plus petits de mes frères, c'est à moi que vous l'avez fait » (Mt 25, 40). ■

Dominique Pierre, journaliste

Martin et le pauvre,
Jean-Victor Schnetz, 1824. Cathédrale Saint-Gatien, Tours (37).

LUNDI 6 FÉVRIER 2023

5E SEMAINE DU TEMPS ORDINAIRE COULEUR LITURGIQUE : ROUGE

Saint Paul Miki et ses compagnons

1564-1597. Paul Miki, jésuite japonais, était l'un des vingt-six chrétiens – religieux et laïcs – qui furent crucifiés sur une colline, près de Nagasaki.

Antienne d'ouverture

Les saints martyrs ont versé leur sang
pour le Seigneur ;
par leur vie ils ont aimé le Christ,
ils l'ont imité dans leur mort,
méritant ainsi les couronnes des vainqueurs.

OU

Elles se réjouissent dans les cieux,
les âmes des saints qui ont suivi les traces du Christ ;
ils ont répandu leur sang par amour pour lui :
c'est pourquoi ils exultent avec lui pour l'éternité.

Prière

Seigneur Dieu, force de tous les saints, tu as appelé les saints martyrs Paul Miki et ses compagnons à entrer dans la vie en passant par la croix ; accorde-nous, à leur intercession, la force de garder jusqu'à la mort la foi que nous proclamons. Par Jésus… ***— Amen.***

Lecture

du livre de la Genèse (1, 1-19)

« Dieu dit. Et ce fut ainsi »

Au commencement, Dieu créa le ciel et la terre. La terre était informe et vide, les ténèbres étaient au-dessus de l'abîme et le souffle de Dieu planait au-dessus des eaux.
Dieu dit : « Que la lumière soit. » Et la lumière fut. Dieu vit que la lumière était bonne, et Dieu sépara la lumière des ténèbres. Dieu appela la lumière « jour », il appela les ténèbres « nuit ». Il y eut un soir, il y eut un matin : premier jour.
Et Dieu dit : « Qu'il y ait un firmament au milieu des eaux, et qu'il sépare les eaux. » Dieu fit le firmament, il sépara les eaux qui sont au-dessous du firmament et les eaux qui sont au-dessus. Et ce fut ainsi. Dieu appela le firmament « ciel ». Il y eut un soir, il y eut un matin : deuxième jour. Et Dieu dit : « Les eaux qui sont au-dessous du ciel, qu'elles se rassemblent en un seul lieu, et que paraisse la terre ferme. » Et ce fut ainsi. Dieu appela la terre ferme « terre », et il appela la masse des eaux « mer ». Et Dieu vit que cela était bon. Dieu dit : « Que la terre produise l'herbe, la plante qui porte sa semence, et que, sur la terre, l'arbre à fruit donne, selon son espèce, le fruit qui porte sa semence. » Et ce fut ainsi. La terre produisit l'herbe, la plante qui porte sa semence, selon son espèce, et l'arbre qui donne, selon son espèce, le fruit qui porte sa semence. Et Dieu vit que cela était bon. Il y eut un soir, il y eut un matin : troisième jour.
Et Dieu dit : « Qu'il y ait des luminaires au firmament du ciel, pour séparer le jour de la nuit ; qu'ils servent de signes pour marquer les

fêtes, les jours et les années ; et qu'ils soient, au firmament du ciel, des luminaires pour éclairer la terre. » Et ce fut ainsi. Dieu fit les deux grands luminaires : le plus grand pour commander au jour, le plus petit pour commander à la nuit ; il fit aussi les étoiles. Dieu les plaça au firmament du ciel pour éclairer la terre, pour commander au jour et à la nuit, pour séparer la lumière des ténèbres. Et Dieu vit que cela était bon. Il y eut un soir, il y eut un matin : quatrième jour. – Parole du Seigneur.

Psaume 103 (104)

℟ ***Que Dieu se réjouisse en ses œuvres !***

Bénis le Seigneur, ô mon âme ;
Seigneur mon Dieu, tu es si grand !
Revêtu de magnificence,
tu as pour manteau la lumière ! ℟

Tu as donné son assise à la terre :
qu'elle reste inébranlable au cours des temps.
Tu l'as vêtue de l'abîme des mers :
les eaux couvraient même les montagnes. ℟

Dans les ravins tu fais jaillir des sources
et l'eau chemine aux creux des montagnes ;
les oiseaux séjournent près d'elle :
dans le feuillage on entend leurs cris. ℟

Quelle profusion dans tes œuvres, Seigneur !
Tout cela, ta sagesse l'a fait ;
la terre s'emplit de tes biens.
Bénis le Seigneur, ô mon âme ! ℟

Acclamation de l'Évangile

Alléluia. Alléluia. Jésus proclamait l'Évangile du Royaume et guérissait toute infirmité dans le peuple. ***Alléluia.***

Évangile de Jésus Christ

selon saint Marc (6, 53-56)

« Tous ceux qui touchèrent la frange de son manteau étaient sauvés »

En ce temps-là, après la traversée, abordant à Génésareth Jésus et ses disciples accostèrent. Ils sortirent de la barque, et aussitôt les gens reconnurent Jésus : ils parcoururent toute la région, et se mirent à apporter les malades sur des brancards là où l'on apprenait que Jésus se trouvait. Et dans tous les endroits où il se rendait, dans les villages, les villes ou les campagnes, on déposait les infirmes sur les places. Ils le suppliaient de leur laisser toucher ne serait-ce que la frange de son manteau. Et tous ceux qui la touchèrent étaient sauvés.

Prière sur les offrandes

Reçois, Père très saint, les offrandes que nous te présentons en faisant mémoire de tes saints martyrs ; accorde aux serviteurs que nous sommes d'être inébranlables dans la confession de ton nom. Par le Christ, notre Seigneur. ***— Amen.***

Antienne de la communion

Elle est grande auprès de Dieu,
la récompense des saints :
ils sont morts pour le Christ
et vivent à jamais.

OU

Vous avez tenu bon avec moi
dans mes épreuves. Et moi,
je dispose pour vous du Royaume,
dit le Seigneur ;
ainsi vous mangerez et boirez
à ma table dans mon Royaume.
(cf. Lc 22, 28. 30)

Prière après la communion

Seigneur Dieu, en tes saints martyrs tu as fait resplendir de manière admirable le mystère de la croix ; puisque nous sommes fortifiés par ce sacrifice, accorde-nous de rester fidèlement unis au Christ, et de travailler dans l'Église au salut de tous. Par le Christ, notre Seigneur. — ***Amen.***

INVITATION

Paul Miki, fêté ce jour, fut le premier Japonais à entrer chez les jésuites.
Je pourrais lire une « Vie de saint François Xavier », qui avait fondé les premières communautés chrétiennes au Japon.

COMMENTAIRE

Tes œuvres, Seigneur ! Psaume 103 (104)

Le psaume 103 est une réponse priante à la lecture du 1er chapitre de la Genèse. Il éduque notre regard et nous fait signe vers une attitude intérieure qui relève de l'émerveillement, lequel donne lieu à la bénédiction. Ce qui suppose de nous « perdre de vue » un moment, y compris quand « d'innombrables soucis [nous] envahissent » (Ps 93 [94], 19), pour nous laisser toucher par la Création qui nous entoure, par sa beauté, sa complexité. Ainsi serons-nous conduits à ce Dieu auquel « le monde est allusion » (hymne CFC). ■

***Emmanuelle Billoteau**, ermite*

MARDI 7 FÉVRIER 2023

5^E SEMAINE DU TEMPS ORDINAIRE COULEUR LITURGIQUE : VERT

Temps ordinaire, *suggestion d'oraisons et d'antiennes n° 16*

5 - 11

Antienne d'ouverture

Voici que Dieu vient à mon aide,
le Seigneur est le soutien de mon âme.
De grand cœur, je t'offrirai le sacrifice,
je confesserai ton nom,
car il est bon ! (cf. Ps 53, 6. 8)

Prière

Sois favorable à tes fidèles, Seigneur, et, dans ta bonté, multiplie pour eux les dons de ta grâce, afin que, brûlant de charité, de foi et d'espérance, ils soient toujours vigilants pour garder tes commandements. Par Jésus… ***— Amen.***

Lecture

du livre de la Genèse (1, 20 – 2, 4a)

« Faisons l'homme à notre image, selon notre ressemblance »

Quand il créa le ciel et la terre, Dieu dit encore : « Que les eaux foisonnent d'une profusion d'êtres vivants, et que les oiseaux volent au-dessus de la terre, sous le firmament du ciel. » Dieu créa, selon leur espèce, les grands monstres marins, tous les êtres vivants qui vont et viennent et foisonnent dans les eaux, et aussi, selon leur espèce,

tous les oiseaux qui volent. Et Dieu vit que cela était bon. Dieu les bénit par ces paroles : « Soyez féconds et multipliez-vous, remplissez les mers, que les oiseaux se multiplient sur la terre. » Il y eut un soir, il y eut un matin : cinquième jour.
Et Dieu dit : « Que la terre produise des êtres vivants selon leur espèce, bestiaux, bestioles et bêtes sauvages selon leur espèce. » Et ce fut ainsi. Dieu fit les bêtes sauvages selon leur espèce, les bestiaux selon leur espèce, et toutes les bestioles de la terre selon leur espèce. Et Dieu vit que cela était bon.
Dieu dit : « Faisons l'homme à notre image, selon notre ressemblance. Qu'il soit le maître des poissons de la mer, des oiseaux du ciel, des bestiaux, de toutes les bêtes sauvages, et de toutes les bestioles qui vont et viennent sur la terre. » Dieu créa l'homme à son image, à l'image de Dieu il le créa, il les créa homme et femme. Dieu les bénit et leur dit : « Soyez féconds et multipliez-vous, remplissez la terre et soumettez-la. Soyez les maîtres des poissons de la mer, des oiseaux du ciel, et de tous les animaux qui vont et viennent sur la terre. »
Dieu dit encore : « Je vous donne toute plante qui porte sa semence sur toute la surface de la terre, et tout arbre dont le fruit porte sa semence : telle sera votre nourriture. À tous les animaux de la terre, à tous les oiseaux du ciel, à tout ce qui va et vient sur la terre et qui a souffle de vie, je donne comme nourriture toute herbe verte. »
Et ce fut ainsi. Et Dieu vit tout ce qu'il avait fait ; et voici : cela était très bon. Il y eut un soir, il y eut un matin : sixième jour.
Ainsi furent achevés le ciel et la terre, et tout leur déploiement. Le

septième jour, Dieu avait achevé l'œuvre qu'il avait faite. Il se reposa, le septième jour, de toute l'œuvre qu'il avait faite. Et Dieu bénit le septième jour : il le sanctifia puisque, ce jour-là, il se reposa de toute l'œuvre de création qu'il avait faite.
Telle fut l'origine du ciel et de la terre lorsqu'ils furent créés.
– Parole du Seigneur.

Psaume 8

℟ ***Ô Seigneur notre Dieu, qu'il est grand, ton nom par toute la terre !***

À voir ton ciel, ouvr<u>a</u>ge de tes doigts,
la lune et les ét<u>o</u>iles que tu fixas,
qu'est-ce que l'homme
pour que tu p<u>e</u>nses à lui,
le fils d'un homme,
que tu en pr<u>e</u>nnes souci ? ℟

Tu l'as voulu un peu m<u>o</u>indre qu'un dieu,
le couronnant de gl<u>o</u>ire et d'honneur ;
tu l'établis sur les œ<u>u</u>vres de tes mains,
tu mets toute ch<u>o</u>se à ses pieds. ℟

Les troupeaux de bœ<u>u</u>fs et de brebis,
et même les b<u>ê</u>tes sauvages,
les oiseaux du ciel et les poiss<u>o</u>ns de la mer,
tout ce qui va son chem<u>i</u>n dans les eaux. ℟

Acclamation de l'Évangile

Alléluia. Alléluia. Incline mon cœur vers tes exigences ; fais-moi la grâce de ta loi, Seigneur. ***Alléluia.***

Évangile de Jésus Christ

selon saint Marc (7, 1-13)

« Vous laissez de côté le commandement de Dieu, pour vous attacher à la tradition des hommes »

En ce temps-là, les pharisiens et quelques scribes, venus de Jérusalem, se réunissent auprès de Jésus, et voient quelques-uns de ses disciples prendre leur repas avec des mains impures, c'est-à-dire non lavées. – Les pharisiens en effet, comme tous les Juifs, se lavent toujours soigneusement les mains avant de manger, par attachement à la tradition des anciens ; et au retour du marché, ils ne mangent pas avant de s'être aspergés d'eau, et ils sont attachés encore par tradition à beaucoup d'autres pratiques : lavage de coupes, de carafes et de plats. Alors les pharisiens et les scribes demandèrent à Jésus : « Pourquoi tes disciples ne suivent-ils pas la tradition des anciens ? Ils prennent leurs repas avec des mains impures. » Jésus leur répondit : « Isaïe a bien prophétisé à votre sujet, hypocrites, ainsi qu'il est écrit : *Ce peuple m'honore des lèvres, mais son cœur est loin de moi. C'est en vain qu'ils me rendent un culte ; les doctrines qu'ils enseignent ne sont que des préceptes humains.* Vous aussi, vous laissez de côté le commandement de Dieu, pour vous attacher à la tradition des hommes. »

Il leur disait encore : « Vous rejetez bel et bien le commandement de Dieu pour établir votre tradition. En effet, Moïse a dit : *Honore ton père et ta mère.* Et encore : *Celui qui maudit son père ou sa mère sera mis à mort.* Mais vous, vous dites : Supposons qu'un homme déclare à son père ou à sa mère : "Les ressources qui m'auraient permis de t'aider sont *korbane*, c'est-à-dire don réservé à Dieu", alors vous ne l'autorisez plus à faire quoi que ce soit pour son père ou sa mère ; vous annulez ainsi la parole de Dieu par la tradition que vous transmettez. Et vous faites beaucoup de choses du même genre. »

Prière sur les offrandes

Seigneur Dieu, dans le sacrifice unique et parfait de ton Fils, tu as porté à leur achèvement les multiples sacrifices de l'ancienne Loi ; reçois maintenant le sacrifice offert par tes fidèles serviteurs et sanctifie-le comme tu as béni les présents d'Abel : que les dons offerts par chacun pour honorer ta gloire servent au salut de tous. Par le Christ, notre Seigneur. — ***Amen.***

Antienne de la communion

Le Seigneur est tendresse et pitié ;
de ses merveilles il a laissé
un mémorial. Il a donné des vivres
à ceux qui le craignent. (cf. Ps 110, 4-5)

OU

Voici que je me tiens à la porte,
et je frappe, dit le Seigneur.
Si quelqu'un entend ma voix
et ouvre la porte, j'entrerai chez lui ;
je prendrai mon repas avec lui,
et lui avec moi. (Ap 3, 20)

Prière après la communion

Dans ta bienveillance, reste auprès de ton peuple, nous t'en prions, Seigneur ; puisque tu l'as initié aux sacrements du ciel, fais-le passer de ce qui est ancien à la vie nouvelle. Par le Christ, notre Seigneur. — ***Amen.***

INVITATION

« Dieu avait achevé l'œuvre qu'il avait faite », lisons-nous dans la Genèse.
Est-ce que j'essaie, à mon niveau, de préserver la Création ?
Est-ce que j'accepte de modérer mon consumérisme, par exemple ?

COMMENTAIRE

Tout petit dieu Psaume 8

Le psaume 8 dit l'émerveillement du psalmiste devant l'immensité de la Création, prenant dans le même temps conscience de sa petitesse et de l'attention que Dieu lui porte. Ne l'a-t-il pas créé « un peu moindre qu'un dieu » ? Ne l'a-t-il pas doté d'une dignité royale en lui confiant la Création ? Ce qui renvoie chacun à sa responsabilité quant à elle et à l'usage qu'il en fait, quant au regard qu'il porte sur elle et sur lui-même : « Je reconnais [...] l'être étonnant que je suis » (Ps 138 [139], 14). ■

***Emmanuelle Billoteau,** ermite*

MERCREDI 8 FÉVRIER 2023

5ᴱ SEMAINE DU TEMPS ORDINAIRE COULEUR LITURGIQUE : VERT

Temps ordinaire, *suggestion d'oraisons et d'antiennes n° 17*
ou **sainte Joséphine Bakhita,** *voir p. 68*
ou **saint Jérôme Émilien**

Antienne d'ouverture

Dieu se tient dans sa sainte demeure ;
Dieu fait habiter les siens unanimes dans sa maison :
c'est lui qui donne à son peuple force et puissance.
(cf. Ps 67, 6-7. 36)

Prière

Tu protèges, Seigneur Dieu, ceux qui espèrent en toi ; sans toi, rien n'est fort et rien n'est saint : multiplie pour nous les signes de ta miséricorde, afin que, sous ta conduite et sous ta direction, en faisant un bon usage des biens qui passent, nous puissions déjà nous attacher à ceux qui demeurent. Par Jésus… ***— Amen.***

Lecture

du livre de la Genèse (2, 4b-9. 15-17)

« Le Seigneur Dieu prit l'homme et le conduisit dans le jardin d'Éden »

Lorsque le Seigneur Dieu fit la terre et le ciel, aucun buisson n'était encore sur la terre, aucune herbe n'avait poussé, parce que le Seigneur Dieu n'avait pas encore fait pleuvoir sur la terre, et il n'y avait pas d'homme pour travailler le sol. Mais une source montait de la terre et irriguait toute la surface du sol. Alors le Seigneur Dieu modela l'homme avec la poussière tirée du sol ; il insuffla dans ses narines le souffle de vie, et l'homme devint un être vivant. Le Seigneur Dieu planta un jardin en Éden, à l'orient, et y plaça l'homme qu'il avait modelé. Le Seigneur Dieu fit pousser du sol toutes sortes d'arbres à l'aspect désirable et aux fruits savoureux ; il y avait aussi l'arbre de vie au milieu du jardin, et l'arbre de la connaissance du bien et du mal. Le Seigneur Dieu prit l'homme et le conduisit dans le jardin d'Éden pour qu'il le travaille et le garde*. Le Seigneur Dieu donna à l'homme cet ordre : « Tu peux manger les fruits de tous les arbres du jardin ; mais l'arbre de la connaissance du bien et du mal, tu n'en mangeras pas ; car, le jour où tu en mangeras, tu mourras. »

– Parole du Seigneur.

Psaume 103 (104)

℟ ***Bénis le Seigneur, ô mon âme !***

Bénis le Seigneur, ô mon âme ;
Seigneur mon Dieu, tu es si grand !
Revêtu de magnificence,
tu as pour manteau la lumière ! ℟

Tous, ils comptent sur toi
pour recevoir leur nourriture au temps voulu.
Tu donnes : eux, ils ramassent ;
tu ouvres la main : ils sont comblés. ℟

Tu reprends leur souffle, ils expirent
et retournent à leur poussière.
Tu envoies ton souffle : ils sont créés ;
tu renouvelles la face de la terre. ℟

Acclamation de l'Évangile

Alléluia. Alléluia. Ta parole, Seigneur, est vérité ; dans cette vérité, sanctifie-nous. ***Alléluia.***

Évangile de Jésus Christ

selon saint Marc (7, 14-23)

« Ce qui sort de l'homme, voilà ce qui rend l'homme impur »

En ce temps-là, appelant de nouveau la foule, Jésus lui disait : « Écoutez-moi tous, et comprenez bien. Rien de ce qui est extérieur à l'homme et qui entre en lui ne peut le rendre impur. Mais ce qui sort de l'homme, voilà ce qui rend l'homme impur. »

Quand il eut quitté la foule pour rentrer à la maison, ses disciples l'interrogeaient sur cette parabole. Alors il leur dit : « Êtes-vous donc sans intelligence, vous aussi ? Ne comprenez-vous pas que tout ce qui entre dans l'homme, en venant du dehors, ne peut pas le rendre impur, parce que cela n'entre pas dans son cœur, mais dans son ventre, pour être éliminé ? » C'est ainsi que Jésus déclarait purs tous les aliments.

Il leur dit encore : « Ce qui sort de l'homme, c'est cela qui le rend impur. Car c'est du dedans, du cœur de l'homme, que sortent les pensées perverses : inconduites, vols, meurtres, adultères, cupidités, méchancetés, fraude, débauche, envie, diffamation, orgueil et démesure. Tout ce mal vient du dedans, et rend l'homme impur. »

Prière sur les offrandes

Accueille, nous t'en prions, Seigneur, les dons prélevés pour toi sur tes propres largesses; que ces mystères très saints, où ta grâce opère avec puissance, sanctifient notre vie de tous les jours et nous conduisent aux joies éternelles. Par le Christ, notre Seigneur. **— Amen.**

Antienne de la communion

Bénis le Seigneur, ô mon âme,
n'oublie aucun de ses bienfaits.
(Ps 102, 2)
OU
Heureux les miséricordieux,
car ils obtiendront miséricorde.
Heureux les cœurs purs,
car ils verront Dieu.
(Mt 5, 7-8)

Prière après la communion

Nous avons communié, Seigneur, au sacrement divin, mémorial à jamais de la passion de ton Fils; nous t'en prions : fais servir à notre salut le don que lui-même nous a légué dans son amour inexprimable. Lui qui…
— Amen.

INVITATION

Nous fêtons aujourd'hui sainte Joséphine Bakhita, née dans le Darfour, au Soudan. Je peux prier pour la paix dans cette région ravagée par la guerre.

COMMENTAIRE

Le bon usage

Psaume 103 (104)

Le psalmiste, loin d'occulter sa condition mortelle, en fait le tremplin de sa louange et de son affirmation de foi. Sa vie sur la terre est un don de Dieu dont le souffle est tout à la fois créateur et recréateur. Là encore, la magnificence du Seigneur est mise en valeur pour faire ressortir la merveille de sa présence agissante auprès des vivants. Ce qui suppose chez ces derniers un bon usage des richesses du monde créé et non une appropriation avide de celles-ci, au détriment du partage. ■

***Emmanuelle Billoteau**, ermite*

✼ CLÉ DE LECTURE

« Qu'il le travaille et le garde »

Genèse 2, 15 *(p. 64)*

Le récit s'éclaire lorsqu'on le compare aux mythes de création des royaumes avoisinant Israël, dans lesquels les hommes sont modelés par les dieux pour qu'ils cultivent la terre à leur place et les nourrissent (Poème d'Atra Hasis). Dans le récit de la Genèse, au contraire, tout est don fait par Dieu à l'humanité, à laquelle il offre de garder et faire prospérer la terre. On a lu la suite comme une interdiction, une part que Dieu se réserverait, alors qu'il s'agit du mode d'emploi du don. Si les êtres humains veulent s'approprier totalement la nature et le monde, ils les dévoreront et, très vite, s'entre-dévoreront. L'absence de limite, le désir de mettre la main sur tout, de prendre la place de Dieu, conduit inexorablement à la guerre, la destruction et la mort. ■

***Roselyne Dupont-Roc**, bibliste*

Sainte Joséphine Bakhita

Couleur liturgique : blanc

1869-1947. Après avoir connu l'horreur de l'esclavage, cette native du Darfour devint religieuse canossienne en Italie. Canonisée en 2000, elle est la première sainte soudanaise.

Antienne d'ouverture

Voici la vierge sage,
elle est au nombre des jeunes filles prévoyantes ; sa lampe allumée,
elle est sortie à la rencontre
du Christ.

Prière

Dieu notre Père, tu as conduit sainte Joséphine de l'abaissement de l'esclavage à l'honneur d'être ta fille et de devenir l'épouse du Christ ; accorde-nous, à son exemple, de suivre d'un amour fidèle le Seigneur Jésus crucifié et de répandre la miséricorde avec une inlassable charité. Par Jésus…

— ***Amen.***

Prière sur les offrandes

Nous proclamons tes merveilles, accomplies en la bienheureuse vierge, sainte Joséphine Bakhita, Seigneur, Dieu de majesté, et nous te supplions humblement : toi qui appréciais les mérites de sa vie, accepte l'hommage de notre service. Par le Christ, notre Seigneur. — ***Amen.***

Antienne de la communion

J'ai demandé une chose au Seigneur,
la seule que je cherche :
habiter la maison du Seigneur
tous les jours de ma vie.
(cf. Ps 26, 4)

Prière après la communion

En participant au don que tu nous as fait, Seigneur notre Dieu, nous avons renouvelé nos forces, et nous te supplions encore : qu'à l'exemple de sainte Joséphine Bakhita, portant dans notre corps la mort de Jésus, nous cherchions à nous attacher à toi seul. Par le Christ, notre Seigneur. — ***Amen.***

Temps ordinaire, *suggestion d'oraisons et d'antiennes n° 18*

Antienne d'ouverture

Dieu, viens à mon aide,
Seigneur, viens vite à mon secours.
Tu es mon secours, mon libérateur,
Seigneur, ne tarde pas ! (cf. Ps 69, 2. 6)

Prière

Sois proche, Seigneur, de ceux qui te servent et montre à ceux qui t'implorent ton éternelle bonté ; c'est leur fierté d'avoir en toi leur créateur et leur guide : restaure pour eux ta création, et l'ayant renouvelée, protège-la. Par Jésus…

— Amen.

Lecture

du livre de la Genèse (2, 18-25)

« Dieu amena la femme vers l'homme. Et tous deux ne feront plus qu'un »

Le Seigneur Dieu dit : « Il n'est pas bon que l'homme soit seul. Je vais lui faire une aide qui lui correspondra. » Avec de la terre, le Seigneur Dieu modela toutes les bêtes des champs et tous les oiseaux du ciel, et il les amena vers l'homme pour voir quels noms il leur donnerait. C'étaient des êtres vivants, et l'homme donna un nom à chacun. L'homme donna

donc leurs noms à tous les animaux, aux oiseaux du ciel et à toutes les bêtes des champs. Mais il ne trouva aucune aide qui lui corresponde. Alors le Seigneur Dieu fit tomber sur lui un sommeil mystérieux, et l'homme s'endormit. Le Seigneur Dieu prit une de ses côtes, puis il referma la chair à sa place. Avec la côte qu'il avait prise à l'homme, il façonna une femme et il l'amena vers l'homme. L'homme dit alors : « Cette fois-ci, voilà l'os de mes os et la chair de ma chair ! On l'appellera femme – Ishsha –, elle qui fut tirée de l'homme – Ish. » À cause de cela, l'homme quittera son père et sa mère, il s'attachera à sa femme, et tous deux ne feront plus qu'un.
Tous les deux, l'homme et sa femme, étaient nus, et ils n'en éprouvaient aucune honte l'un devant l'autre.
– Parole du Seigneur.

Psaume 127 (128)

℟ ***Heureux qui craint le Seigneur !***

Heureux qui cr**a**int le Seigneur
et marche sel**o**n ses voies !
Tu te nourriras du trav**a**il de tes mains :
Heureux es-tu ! À t**o**i, le bonheur ! ℟

Ta femme ser**a** dans ta maison
comme une v**i**gne généreuse,
et tes fils, aut**ou**r de la table,
comme des pl**a**nts d'olivier. ℟

Voilà comm**e**nt sera béni
l'homme qui cr**a**int le Seigneur.
De Sion, que le Seigne**u**r te bénisse !
Tu verras le bonheur de Jérusalem
tous les jo**u**rs de ta vie. ℟

Acclamation de l'Évangile

Alléluia. Alléluia. Accueillez dans la douceur la Parole semée en nous : c'est elle qui peut vous sauver. ***Alléluia.***

Évangile de Jésus Christ

selon saint Marc (7, 24-30)

« Les petits chiens, sous la table, mangent bien les miettes des petits enfants ! »

En ce temps-là, Jésus partit et se rendit dans le territoire de Tyr. Il était entré dans une maison, et il ne voulait pas qu'on le sache, mais il ne put rester inaperçu : une femme entendit aussitôt parler de lui ; elle avait une petite fille possédée par un esprit impur ; elle vint se jeter à ses pieds. Cette femme était païenne, syro-phénicienne de naissance, et elle lui demandait d'expulser le démon hors de sa fille. Il lui disait : « Laisse d'abord les enfants se rassasier, car il n'est pas bien de prendre le pain des enfants et de le jeter aux petits chiens. » Mais elle lui répliqua : « Seigneur, les petits chiens, sous la table, mangent bien les miettes des petits enfants ! » Alors il lui dit : « À cause de cette parole, va : le démon est sorti de ta fille. » Elle rentra à la maison, et elle trouva l'enfant étendue sur le lit : le démon était sorti d'elle.

Prière sur les offrandes

Dans ta bonté, sanctifie ces dons, nous t'en prions, Seigneur ; accepte le sacrifice spirituel que nous t'offrons, et fais de nous-mêmes une éternelle offrande pour toi. Par le Christ, notre Seigneur. ***— Amen.***

Antienne de la communion

Je suis le pain de la vie,
dit le Seigneur, celui qui vient à moi
n'aura jamais faim, celui qui croit
en moi n'aura jamais soif. (Jn 6, 35)

OU

Tu nous as donné, Seigneur,
le pain venu du ciel,
pain aux multiples saveurs
qui comble tous les goûts.
(Sg 16, 20)

Prière après la communion

Seigneur, entoure d'une constante protection ceux que tu as renouvelés par le don du ciel ; puisque tu ne cesses de les réconforter, rends-les dignes de la rédemption éternelle. Par le Christ, notre Seigneur. – ***Amen.***

INVITATION

Jésus est touché par la femme païenne. Est-ce que je ne néglige pas la parole de personnes éloignées de ma culture ? Si j'essayais de les écouter vraiment ?

COMMENTAIRE

Compagnon de route Psaume 127 (128)

« Heureux » : cette expression ouvre le psautier – non pas comme une injonction à un bonheur artificiel mais comme la proposition d'un horizon à découvrir et vers lequel cheminer pas à pas. Le bonheur passe par un enracinement en Dieu, l'attention à sa parole qu'il s'agit d'incarner dans notre vie tout ordinaire, représentée ici par le travail et le foyer. Ce qui n'a rien à voir avec la réussite matérielle, mais relève de ce compagnonnage avec le Seigneur qui permet d'intégrer tant le doux que l'amer. ■

Emmanuelle Billoteau, *ermite*

VENDREDI 10 FÉVRIER 2023

5E SEMAINE DU TEMPS ORDINAIRE COULEUR LITURGIQUE : BLANC

Sainte Scholastique

VIe siècle. Sœur de saint Benoît de Nursie, elle fonda un monastère au pied du Mont-Cassin. Elle est considérée comme la première moniale bénédictine.

Antienne d'ouverture

Au royaume de ce monde, à toute sa splendeur,
j'ai préféré l'amour de mon Seigneur Jésus Christ,
je l'ai vu, je l'ai aimé, je lui ai donné ma foi,
entre tous je l'ai choisi.
OU
Pour moi, comme un bel olivier dans la maison de Dieu,
j'espère en la miséricorde de mon Dieu, sans fin, à jamais. (cf. Ps 51, 10)

Prière

En célébrant la mémoire de la bienheureuse vierge Scholastique, Seigneur, nous te prions : fais qu'à son exemple, nous te servions avec une charité sans faille et que nous obtenions avec bonheur les bienfaits de ton amour. Par Jésus… ***— Amen.***

Lecture

du livre de la Genèse (3, 1-8)

« Vous serez comme des dieux, connaissant le bien et le mal »

Le serpent était le plus rusé de tous les animaux des champs que le Seigneur Dieu avait faits. Il dit à la femme : « Alors, Dieu vous a vraiment dit : “Vous ne mangerez d'aucun arbre du jardin” ? » La femme répondit au serpent : « Nous mangeons les fruits des arbres du jardin. Mais, pour le fruit de l'arbre qui est au milieu du jardin, Dieu a dit : "Vous n'en mangerez pas, vous n'y toucherez pas, sinon vous mourrez." » Le serpent dit à la femme : « Pas du tout ! Vous ne mourrez pas ! Mais Dieu sait que, le jour où vous en mangerez, vos yeux s'ouvriront, et vous serez comme des dieux, connaissant le bien et le mal. » La femme s'aperçut que le fruit de l'arbre devait être savoureux, qu'il était agréable à regarder et qu'il était désirable, cet arbre, puisqu'il donnait l'intelligence. Elle prit de son fruit, et en mangea. Elle en donna aussi à son mari, et il en mangea. Alors leurs yeux à tous deux s'ouvrirent et ils se rendirent compte qu'ils étaient nus. Ils attachèrent les unes aux autres des feuilles de figuier, et ils s'en firent des pagnes. Ils entendirent la voix du Seigneur Dieu qui se promenait dans le jardin à la brise du jour. L'homme et sa femme allèrent se cacher aux regards du Seigneur Dieu parmi les arbres du jardin. – Parole du Seigneur.

Psaume 31 (32)

℟ ***Heureux l'homme dont la faute est enlevée !***

Heureux l'homme dont la faute est enlevée,
et le péché remis !
Heureux l'homme dont le Seigneur
ne retient pas l'offense,
dont l'esprit est sans fraude ! ℟

J'ai dit : « Je rendrai grâce au Seigneur
en confessant mes péchés. »
Et toi, tu as enlevé l'offense de ma faute. ℟

Ainsi chacun des tiens te priera
aux heures décisives ;
même les eaux qui débordent
ne peuvent l'atteindre.

Tu es un refuge pour moi,
mon abri dans la détresse ;
de chants de délivrance,
tu m'as entouré. ℟

Acclamation de l'Évangile

Alléluia. Alléluia. Seigneur, ouvre notre cœur pour nous rendre attentifs aux paroles de ton Fils. ***Alléluia.***

Évangile de Jésus Christ

selon saint Marc (7, 31-37)

« Il fait entendre les sourds et parler les muets »

En ce temps-là, Jésus quitta le territoire de Tyr ; passant par Sidon, il prit la direction de la mer de Galilée et alla en plein territoire de la Décapole. Des gens lui amènent un sourd qui avait aussi de la difficulté à parler, et supplient Jésus de poser la main sur lui. Jésus l'emmena à l'écart, loin de la foule, lui mit les doigts dans les oreilles, et, avec sa salive, lui toucha la langue. Puis, les yeux levés au ciel, il soupira et lui dit : « *Effata !** », c'est-à-dire : « Ouvre-toi ! » Ses oreilles s'ouvrirent ; sa langue se délia, et il parlait correctement. Alors Jésus leur ordonna de n'en rien dire à personne ; mais plus il leur donnait cet ordre, plus ceux-ci le proclamaient. Extrêmement frappés, ils disaient : « Il a bien fait toutes choses : il fait entendre les sourds et parler les muets. »

VENDREDI 10 FÉVRIER 2023

Prière sur les offrandes

Consacre, Seigneur, les dons que nous te présentons avec ferveur, en la mémoire de sainte Scholastique, toi qui nous enseignes, grâce au réconfort que tu nous donnes maintenant, à ne jamais désespérer des promesses éternelles. Par le Christ, notre Seigneur. **– *Amen.***

Antienne de la communion

Une seule chose est nécessaire.
Elle a choisi la meilleure part,
celle qui ne lui sera pas enlevée.
(Lc 10, 42)

OU

D'heureuses paroles jaillissent
de mon cœur quand
je dis mes poèmes pour le roi.
(Ps 44, 2)

Prière après la communion

Tu nous as recréés, Seigneur, aux sources du salut, et nous te supplions humblement : à l'intercession de sainte Scholastique, rends-nous capables, par un attachement de jour en jour plus intime au Christ, d'avoir part à la grâce dans son Royaume. Lui qui… **– *Amen.***

INVITATION

Demain, c'est la Journée mondiale des malades. Je pourrais me laisser saisir par une vraie empathie et décider de rejoindre une association organisant des visites aux personnes hospitalisées.

COMMENTAIRE

Livre des heures décisives Psaume 31 (32)

Le bonheur est ici celui qu'ouvre le pardon de Dieu. Rien de culpabilisant dans la reconnaissance de son inadéquation à l'amour divin, qui est le corollaire de la responsabilité humaine et de sa grandeur. La vérité vis-à-vis de soi n'est-elle pas l'espace où l'amour peut se déployer ? Seule la prière nous permet de traverser ces « heures décisives », où il s'agit de nous voir tels que nous sommes et de nous libérer des faux-semblants, afin d'expérimenter ces chants de délivrance qui sont un don de Dieu. ■

***Emmanuelle Billoteau**, ermite*

❊ CLÉ DE LECTURE

« Effata ! » Marc 7, 34 *(p. 75)*

La présence d'un mot en araméen dans le texte grec de Marc surprend. L'auteur sait bien que ses lecteurs ne le comprennent pas, et il le traduit, « c'est-à-dire : "Ouvre-toi !" ». Le cas est rare (cf. Mc 5, 41), et il peut renvoyer à une parole de Jésus lui-même. Cette parole a dû être très tôt rappelée dans les communautés de langue araméenne lors des premiers baptêmes. La liturgie du baptême l'a reprise aujourd'hui (d'après une tradition du Ve s.), et le texte nous offre alors une magnifique catéchèse : il nous apprend que le baptême est cette rencontre avec le Christ Jésus qui ouvre les oreilles à la parole de Dieu qu'il est lui-même, et qui permet à nos lèvres balbutiantes de porter avec fermeté la Bonne Nouvelle de son amour autour de nous. ■

***Roselyne Dupont-Roc**, bibliste*

SAMEDI 11 FÉVRIER 2023

5E SEMAINE DU TEMPS ORDINAIRE COULEUR LITURGIQUE : VERT

Temps ordinaire, *suggestion d'oraisons et d'antiennes n° 19*
ou **bienheureuse Vierge Marie de Lourdes,** *mémoire en France,* *voir p. 83*

Antienne d'ouverture

Regarde vers ton Alliance, Seigneur,
ne délaisse pas sans fin l'âme de tes pauvres.
Lève-toi, Seigneur, défends ta cause,
n'oublie pas le cri de ceux qui te cherchent.
(cf. Ps 73, 20. 19. 22. 23)

Prière

Dieu éternel et tout-puissant, comme l'enseigne l'Esprit Saint, nous pouvons déjà t'appeler du nom de Père ; fais grandir en nos cœurs l'esprit d'adoption filiale, afin que nous soyons capables d'entrer un jour dans l'héritage qui nous est promis. Par Jésus… ***— Amen.***

Lecture

du livre de la Genèse (3, 9-24)

« Le Seigneur Dieu le renvoya du jardin d'Éden, pour qu'il travaille la terre »

Quand l'homme eut désobéi à Dieu, le Seigneur Dieu l'appela et lui dit : « Où es-tu donc ? » Il répondit : « J'ai entendu ta voix dans le jardin, j'ai pris peur parce que je suis nu, et je me suis caché. » Le Seigneur reprit : « Qui donc t'a dit que tu étais nu ? Aurais-tu mangé de l'arbre dont je t'avais interdit de manger ? » L'homme répondit : « La femme que tu m'as donnée, c'est elle qui m'a donné du fruit de l'arbre, et j'en ai mangé. » Le Seigneur Dieu dit à la femme : « Qu'as-tu fait là ? » La femme répondit : « Le serpent m'a trompée, et j'ai mangé. » Alors le Seigneur Dieu dit au serpent : « Parce que tu as fait cela, tu seras maudit parmi tous les animaux et toutes les bêtes des champs. Tu ramperas sur le ventre et tu mangeras de la poussière tous les jours de ta vie. Je mettrai une hostilité entre toi et la femme, entre ta descendance et sa descendance : celle-ci te meurtrira la tête, et toi, tu lui meurtriras le talon. » Le Seigneur Dieu dit ensuite à la femme : « Je multiplierai la peine de tes grossesses ; c'est dans la peine que tu enfanteras des fils. Ton désir te portera vers ton mari, et celui-ci dominera sur toi. » Il dit enfin à l'homme : « Parce que tu as écouté la voix de ta femme, et que tu as mangé le fruit de l'arbre que je t'avais interdit de manger : maudit soit le sol à cause de toi ! C'est dans la peine que tu en tireras ta nourriture, tous les jours de ta vie. De lui-même, il te donnera épines et chardons, mais tu auras ta nourriture en cultivant les champs. C'est à la sueur de ton visage que tu gagneras ton pain, jusqu'à ce que tu retournes à la terre dont tu proviens ; car tu es poussière, et à la poussière tu retourneras. »

L'homme appela sa femme Ève (c'est-à-dire : la vivante), parce qu'elle fut la mère de tous les vivants. Le Seigneur Dieu fit à l'homme et à sa femme des tuniques de peau et les en revêtit. Puis le Seigneur Dieu déclara : « Voilà que l'homme est devenu comme l'un de nous par la connaissance du bien et du mal ! Maintenant, ne permettons pas qu'il avance la main, qu'il cueille aussi le fruit de l'arbre de vie, qu'il en mange et vive éternellement ! » Alors le Seigneur Dieu le renvoya du jardin d'Éden, pour qu'il travaille la terre d'où il avait été tiré. Il expulsa l'homme, et il posta, à l'orient du jardin d'Éden, les Kéroubim, armés d'un glaive fulgurant, pour garder l'accès de l'arbre de vie. – Parole du Seigneur.

Psaume 89 (90)

℟ ***D'âge en âge, Seigneur, tu as été notre refuge.***

Avant que naissent les montagnes,
que tu enfantes la terre et le monde,
de toujours à toujours,
toi, tu es Dieu. ℟

Tu fais retourner l'homme à la poussière ;
tu as dit : « Retournez, fils d'Adam ! »
À tes yeux, mille ans sont comme hier,
c'est un jour qui s'en va,
une heure dans la nuit. ℟

Tu les as balayés : ce n'est qu'un songe ;
dès le matin, c'est une herbe changeante :
elle fleurit le matin, elle change ;
le soir, elle est fanée, desséchée. ℟

Apprends-nous la vraie mesure
de nos jours :
que nos cœurs pénètrent la sagesse.
Reviens, Seigneur, pourquoi tarder ?
Ravise-toi par égard pour tes serviteurs. ℟

Acclamation de l'Évangile

Alléluia. Alléluia. L'homme ne vit pas seulement de pain, mais de toute parole qui sort de la bouche de Dieu. ***Alléluia.***

Évangile de Jésus Christ

selon saint Marc (8, 1-10)

« Les gens mangèrent et furent rassasiés »

En ces jours-là, comme il y avait de nouveau une grande foule, et que les gens n'avaient rien à manger, Jésus appelle à lui ses disciples et leur dit : « J'ai de la compassion pour cette foule, car depuis trois jours déjà ils restent auprès de moi, et n'ont rien à manger. Si je les renvoie chez eux à jeun, ils vont défaillir en chemin, et certains d'entre eux sont venus de loin. » Ses disciples lui répondirent : « Où donc pourra-t-on trouver du pain pour les rassasier ici, dans le désert ? » Il leur demanda : « Combien de pains avez-vous ? » Ils lui dirent : « Sept. » Alors il ordonna à la foule de s'asseoir par terre. Puis, prenant les sept pains et rendant grâce, il les rompit, et il les donnait à ses disciples pour que ceux-ci les distribuent ; et ils les distribuèrent à la foule. Ils avaient aussi quelques petits poissons, que Jésus bénit et fit aussi distribuer. Les gens mangèrent et furent rassasiés. On ramassa les morceaux qui restaient : cela faisait sept corbeilles. Or, ils étaient environ quatre mille. Puis Jésus les renvoya. Aussitôt, montant dans la barque avec ses disciples, il alla dans la région de Dalmanoutha.

Prière sur les offrandes

Accueille favorablement, Seigneur, ces présents que, dans ta miséricorde, tu as donnés à ton Église pour qu'elle puisse te les offrir ; fais qu'ils deviennent, par ta puissance, le sacrement de notre salut. Par le Christ, notre Seigneur. — ***Amen.***

Antienne de la communion

Glorifie le Seigneur, Jérusalem :
de la fleur du froment, il te rassasie.
(cf. Ps 147, 12. 14)

OU

Le pain que je donnerai,
c'est ma chair, donnée pour la vie
du monde, dit le Seigneur.
(Jn 6, 51)

Prière après la communion

Que cette communion à ton sacrement, Seigneur, nous procure le salut et qu'elle nous affermisse dans la lumière de ta vérité. Par le Christ, notre Seigneur. — ***Amen.***

INVITATION

« Les gens n'avaient rien à manger. » Avec compassion, je peux réciter le Notre Père en mettant l'accent sur « pain quotidien » pour que nul n'en manque.

COMMENTAIRE

Mesure et démesure

Psaume 89 (90)

« Apprends-nous la vraie mesure de nos jours : que nos cœurs pénètrent la sagesse. » Autant dire que la conscience de notre finitude peut se révéler un facteur d'apaisement, à la différence de la démesure de celui qui se croit invincible. Une finitude envisagée sur l'horizon de la fidélité de Dieu qui n'a pu nous créer pour nous mener au néant. Dieu qui se donne à rencontrer par-delà le sentiment d'absence, car il n'est « jamais un étranger, mais l'hôte plus intérieur qui se révèle en transparence » (hymne CFC). ■

***Emmanuelle Billoteau**, ermite*

Bienheureuse Vierge Marie de Lourdes

Couleur liturgique : blanc

En invoquant l'Immaculée Mère de Dieu, qui se manifesta à Bernadette dans la grotte de Massabielle à Lourdes, le peuple chrétien découvre en Marie l'image de l'Église à venir. C'est aujourd'hui la Journée mondiale des malades, instituée en 1992 par le pape Jean-Paul II.

Antienne d'ouverture

La Ville sainte, la Jérusalem nouvelle,
je l'ai vue qui descendait du ciel,
d'auprès de Dieu, prête pour les noces,
comme une épouse parée
pour son mari. (Ap 21, 2)

Prière

Dieu de miséricorde, viens au secours de notre faiblesse : puisque nous faisons mémoire de l'Immaculée, la Mère de Dieu, fais que, soutenus par son intercession, nous soyons relevés de nos péchés. Par Jésus… **— *Amen.***

Prière sur les offrandes

En célébrant la mémoire de la Vierge Immaculée, nous t'offrons, Seigneur, le sacrifice de louange ; qu'il monte vers toi en offrande agréable et nous procure la santé de l'âme et du corps. Par le Christ, notre Seigneur. **— *Amen.***

Préface de la Vierge Marie, p. 221.

Antienne de la communion

Tu visites la terre, Seigneur, et tu l'abreuves, tu la combles de richesses. (cf. Ps 64, 10)

Prière après la communion

Tu nous as rassasiés, Seigneur notre Dieu, en nous donnant le pain du ciel ; fais que cette eucharistie célébrée dans la joie soit pour nous le signe de l'unité et le lien de la charité. Par le Christ, notre Seigneur. **— *Amen.***

DIMANCHE 12 FÉVRIER 2023

6E DIMANCHE DU TEMPS ORDINAIRE

ANNÉE A – COULEUR LITURGIQUE : VERT

« Va d'abord te réconcilier avec ton frère. » Matthieu 5, 24

« Si votre justice ne surpasse pas celle des pharisiens… » Ben Sira nous le rappelle aujourd'hui, suivre les commandements, c'est avancer sur un chemin de vie. Cet enseignement, les disciples de Jésus le connaissent bien. Mais avec Jésus, ils font un pas de plus. Car le Christ leur révèle également les racines du mal. Que le Christ nous aide, chaque jour, à choisir la vie et le bonheur.

RITES INITIAUX

Chant d'entrée *(Suggestions p. 241)*
OU
Antienne d'ouverture
Sois pour moi le Dieu qui protège, un lieu de refuge
pour me sauver. Car tu es mon appui et mon refuge :
à cause de ton nom, tu seras mon guide et tu me nourriras.
(cf. Ps 30, 3-4)

Suggestion de préparation pénitentielle *(ou p. 211)*
Frères et sœurs, le Seigneur nous invite à nous détourner du mal et à marcher sur le chemin de l'amour. Préparons-nous à célébrer le mystère de l'eucharistie, en reconnaissant que nous avons péché.

Seigneur Jésus, venu montrer aux hommes le chemin de la vie en plénitude, tu nous montres comment garder ta loi. Kyrie, eleison.

— Kyrie, eleison.

Ô Christ, venu enseigner au monde la sagesse, tu invites tous les hommes à se détourner du mal et du péché. Christe, eleison.

— Christe, eleison.

Seigneur, toi qui invites les hommes à observer ta parole, tu te penches vers ceux qui te craignent. Kyrie, eleison.

— Kyrie, eleison.

Que Dieu tout-puissant nous fasse miséricorde ; qu'il nous pardonne nos péchés et nous conduise à la vie éternelle. **— *Amen.***

Gloire à Dieu *(p. 213)*

Prière

Seigneur Dieu, tu as promis d'habiter les cœurs droits et sincères ; donne-nous, par ta grâce, de vivre de telle manière que tu puisses faire en nous ta demeure. Par Jésus… **— *Amen.***

LITURGIE DE LA PAROLE

Lecture du livre de Ben Sira le Sage (15, 15-20)

« Il n'a commandé à personne d'être impie »

Si tu le veux, tu peux observer les commandements, il dépend de ton choix de rester fidèle. Le Seigneur a mis devant toi l'eau et le feu : étends la main vers ce que tu préfères. La vie et la mort sont proposées aux hommes, l'une ou l'autre leur est donnée selon leur choix. Car la sagesse du Seigneur est grande, fort est son pouvoir, et il voit tout. Ses regards sont tournés vers ceux qui le craignent, il connaît toutes les actions des hommes. Il n'a commandé à personne d'être impie, il n'a donné à personne la permission de pécher.

– Parole du Seigneur.

Psaume 118 (119)

℟ *Heureux ceux qui marchent suivant la loi du Seigneur !*

Heu - reux ceux qui mar-chent sui-vant la loi du Sei-gneur !

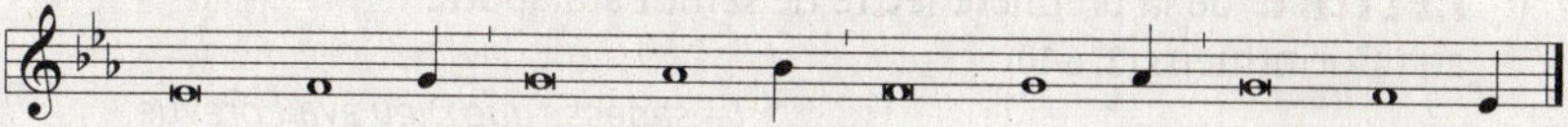

T. : AELF ; M. : L. Groslambert ; Éd. : ADF.

Heureux les hommes intègres dans leurs voies
qui marchent suivant la loi du Seigneur !
Heureux ceux qui gardent ses exigences,
ils le cherchent de tout cœur ! ℟

Toi, tu promulgues des préceptes
à observer entièrement.
Puissent mes voies s'affermir
à observer tes commandements ! ℟

Sois bon pour ton serviteur, et je vivrai,
j'observerai ta parole.
Ouvre mes yeux,
que je contemple les merveilles de ta loi. ℟

Retrouvez ce psaume sur le CD “Les psaumes de l'année A”

℟ ***Heureux ceux qui marchent suivant la loi du Seigneur !***
Enseigne-moi, Seigneur, le chemin de tes ordres ;
à les garder, j'aurai ma récompense.
Montre-moi comment garder ta loi,
que je l'observe de tout cœur. ℟

Lecture de la première lettre de saint Paul apôtre aux Corinthiens (2, 6-10)

« La sagesse que Dieu avait prévue dès avant les siècles pour nous donner la gloire »

Frères, c'est bien de sagesse que nous parlons devant ceux qui sont adultes dans la foi, mais ce n'est pas la sagesse de ce monde, la sagesse de ceux qui dirigent ce monde et qui vont à leur destruction. Au contraire, ce dont nous parlons, c'est de la sagesse du mystère de Dieu, sagesse tenue cachée, établie par lui dès avant les siècles, pour nous donner la gloire. Aucun de ceux qui dirigent ce monde ne l'a connue, car, s'ils l'avaient connue, ils n'auraient jamais crucifié le Seigneur de gloire. Mais ce que nous proclamons, c'est, comme dit l'Écriture : *ce que l'œil n'a pas vu, ce que l'oreille n'a pas entendu, ce qui n'est pas venu à l'esprit de l'homme, ce que Dieu a préparé pour ceux dont il est aimé.* Et c'est à nous que Dieu, par l'Esprit, en a fait la révélation. Car l'Esprit scrute le fond de toutes choses, même les profondeurs de Dieu.

– Parole du Seigneur.

Acclamation de l'Évangile

Alléluia. Alléluia. Tu es béni, Père, Seigneur du ciel et de la terre, tu as révélé aux tout-petits les mystères du Royaume ! ***Alléluia.***

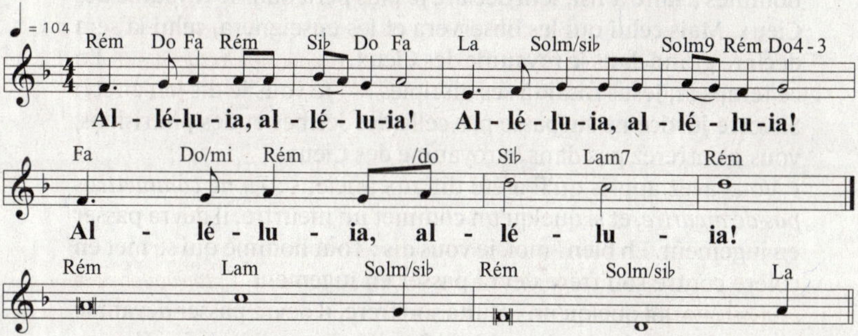

T. : AELF ; M. : P. Robert.

Évangile de Jésus Christ selon saint Matthieu (5, 17-37)

Lecture brève : 5, 20-22a. 27-28. 33-34a. 37.

Les parties entre crochets sont omises dans la lecture brève.

« Il a été dit aux Anciens. Eh bien ! moi, je vous dis »

En ce temps-là, Jésus disait à ses disciples : « Ne pensez pas que je sois venu abolir la Loi ou les Prophètes : je ne suis pas venu abolir, mais accomplir. Amen, je vous le dis : Avant que le ciel et la terre disparaissent, pas un seul iota, pas un seul trait ne disparaîtra de la Loi jusqu'à ce que tout se réalise. Donc, celui qui rejettera un seul de ces plus petits commandements, et qui enseignera aux hommes à faire ainsi, sera déclaré le plus petit dans le royaume des Cieux. Mais celui qui les observera et les enseignera, celui-là sera déclaré grand dans le royaume des Cieux. *(Début de la lecture brève : En ce temps-là, Jésus disait à ses disciples : «)* Je vous le dis [en effet] : Si votre justice ne surpasse pas celle des scribes et des pharisiens, vous n'entrerez pas dans le royaume des Cieux.

« Vous avez appris qu'il a été dit aux anciens : *Tu ne commettras pas de meurtre*, et si quelqu'un commet un meurtre, il devra passer en jugement. Eh bien ! moi, je vous dis : Tout homme qui se met en colère contre son frère devra passer en jugement. *(Interruption de la lecture brève)* [Si quelqu'un insulte son frère, il devra passer devant le tribunal. Si quelqu'un le traite de fou, il sera passible de la géhenne de feu. Donc, lorsque tu vas présenter ton offrande à l'autel, si, là, tu te souviens que ton frère a quelque chose contre toi, laisse ton offrande, là, devant l'autel, va d'abord te réconcilier avec ton frère, et ensuite viens présenter ton offrande. Mets-toi vite d'accord avec ton adversaire pendant que tu es en chemin avec lui, pour éviter que ton adversaire ne te livre au juge, le juge au garde, et qu'on ne te jette en prison. Amen, je te le dis : tu n'en sortiras pas avant d'avoir payé jusqu'au dernier sou.]

(Suite de la lecture brève) « Vous avez appris qu'il a été dit : *Tu ne*

commettras pas d'adultère. Eh bien ! moi, je vous dis : Tout homme qui regarde une femme avec convoitise a déjà commis l'adultère avec elle dans son cœur. *(Interruption de la lecture brève)* [Si ton œil droit entraîne ta chute, arrache-le et jette-le loin de toi, car mieux vaut pour toi perdre un de tes membres que d'avoir ton corps tout entier jeté dans la géhenne. Et si ta main droite entraîne ta chute, coupe-la et jette-la loin de toi, car mieux vaut pour toi perdre un de tes membres que d'avoir ton corps tout entier qui s'en aille dans la géhenne. Il a été dit également : *Si quelqu'un renvoie sa femme, qu'il lui donne un acte de répudiation*. Eh bien ! moi, je vous dis : Tout homme qui renvoie sa femme, sauf en cas d'union illégitime, la pousse à l'adultère ; et si quelqu'un épouse une femme renvoyée, il est adultère.]

(Suite de la lecture brève) « Vous avez encore appris qu'il a été dit aux anciens : *Tu ne manqueras pas à tes serments, mais tu t'acquitteras de tes serments envers le Seigneur*. Eh bien ! moi, je vous dis de ne pas jurer du tout *(Interruption de la lecture brève)*, [ni par le ciel, car c'est le trône de Dieu, ni par la terre, car elle est son marchepied, ni par Jérusalem, car elle est la Ville du grand Roi. Et ne jure pas non plus sur ta tête, parce que tu ne peux pas rendre un seul de tes cheveux blanc ou noir.] *(Suite de la lecture brève)* Que votre parole soit "oui", si c'est "oui", "non", si c'est "non". Ce qui est en plus vient du Mauvais. »

Homélie

Profession de foi *(p. 214)*

Suggestion de prière universelle

Le prêtre :

En ce dimanche où nous sommes invités à suivre le Christ et sa parole de tout notre cœur, confions-nous à son Père et notre Père. Déposons toutes nos demandes.

℟ ***Par Jésus Christ ton serviteur, nous te prions, Seigneur.***

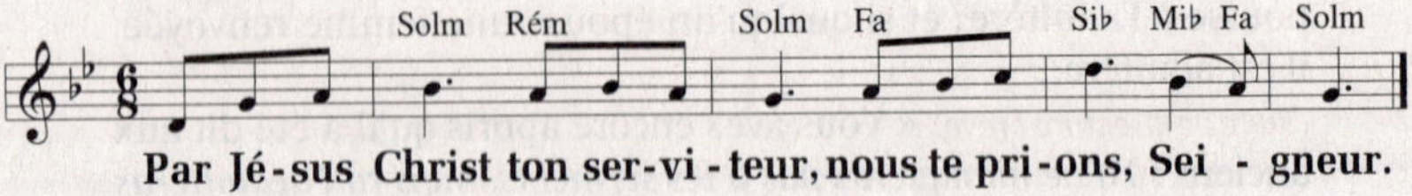

Bayard Liturgie; M. : M. Wackenheim.

Le diacre ou un lecteur :

Loué sois-tu notre Père pour toutes les paroisses qui, de par le monde, vivent une vraie communion. Donne-leur de devenir de plus en plus des communautés de foi et de fraternité. Avec l'Église universelle, ensemble prions. ℟

Loué sois-tu notre Père, pour tous les soignants qui se dépensent sans compter auprès des souffrants. En ce Dimanche de la santé, soutiens-les à l'heure du doute, de l'épuisement, du découragement. Ensemble, prions. ℟

Loué sois-tu notre Père, pour tous les nombreux malades qui, portés par leur foi, encouragent ceux qui les entourent. En ce Dimanche de la santé, soutiens tous les malades, spécialement ceux qui désespèrent. Ensemble, prions. ℟

Loué sois-tu notre Père, pour les personnes de notre assemblée qui rendent visite aux malades et leur portent l'eucharistie. En ce Dimanche de la santé, renouvelle-les dans leur mission au service de la Bonne Nouvelle. Ensemble, prions. ℟

(Ces intentions seront adaptées ou modifiées selon les circonstances.)

Le prêtre :

Dieu notre Père, tu prends soin de tous les hommes, particulièrement des plus éprouvés, des exclus, des malades. Viens exaucer nos prières. Par le Christ, notre Seigneur. – ***Amen.***

LITURGIE EUCHARISTIQUE

Prière sur les offrandes

Que cette offrande, nous t'en prions, Seigneur, nous purifie et nous renouvelle ; qu'elle devienne pour ceux qui accomplissent ta volonté la cause de la récompense éternelle. Par le Christ, notre Seigneur.
– ***Amen.***

Prière eucharistique *(Préface des dimanches, p. 219)*

Chant de communion *(Suggestions p. 241)*

OU

Antienne de la communion

Ils mangèrent, ils furent rassasiés,
Dieu comblait leur désir,
leur attente ne fut pas trompée. (Ps 77, 29-30)

OU

Dieu a tant aimé le monde qu'il a donné son Fils unique :
ainsi, celui qui croit en lui ne périra pas,
mais il obtiendra la vie éternelle.
(Jn 3, 16)

Prière après la communion

Tu nous as fait goûter, Seigneur, aux joies du ciel, et nous te prions : donne-nous de toujours désirer ce qui nous fait vivre en vérité. Par le Christ, notre Seigneur. – ***Amen.***

RITE DE CONCLUSION

Bénédiction

Envoi

COMMENTAIRE DU DIMANCHE

Jonathan Guilbault, directeur éditorial de *Prions en Église* Canada

Suivre la règle ?

Personne n'aime se faire donner une leçon de morale. Pourtant, des livres bibliques comme celui de Ben Sira le Sage traduisent l'enjeu central de notre existence d'une manière absolument morale : « Le Seigneur a mis devant toi l'eau et le feu : étends la main vers ce que tu préfères. »

Mais est-ce si simple ? Je ne reconnais pas la nébuleuse de connaissance et d'ignorance, de courage et de lâcheté, de couleurs vives et de nuances de gris qui constituent l'épaisseur de ma vie dans cette alternative entre l'eau et le feu. D'ailleurs, l'eau peut tuer aussi bien que le feu ; le feu peut purifier autant que l'eau.

Cependant, finasser ainsi, c'est être de mauvaise foi. Car, au fond, nous comprenons tous que par-delà les exagérations, •••

••• l'interpellation à exercer notre fragile liberté en faveur de ce qui répare et soutient fait vibrer en nous la même corde qui fait chanter notre âme. L'une des façons de choisir le « feu » est de nier la dimension morale de nos actes. Comme si tout ce que nous faisions était aussi neutre que de choisir un parfum de crème glacée. L'autre façon est dénoncée par Jésus dans l'évangile de ce dimanche : réduire l'aspect moral de notre vie au fait de suivre ou non les règles, à la manière des scribes et des pharisiens. C'est là une forme de paresse morale. D'ailleurs, respecter les règles est parfois, paradoxalement, le meilleur moyen de mettre le feu dans nos relations avec les autres.

Est-ce qu'il m'est arrivé de prendre une décision importante sans en soupeser la dimension morale ?
M'est-il déjà arrivé de transgresser des règles pour accomplir le bien ? ■

Prions en Église junior

LIRE L'ÉVANGILE AVEC LES ENFANTS

CE QUE JE DÉCOUVRE

Pour jouer ensemble, on a besoin de règles du jeu. Dieu avait donné des règles à Moïse, les dix commandements. Jésus est venu les « accomplir ». C'est-à-dire, les vivre avec amour. **La justice, ce n'est pas que respecter les règles du jeu, c'est aussi aimer les gens.** Car le royaume des Cieux appartient aux pauvres de cœur, aux doux, aux miséricordieux... à ceux qui aiment comme Dieu.

CE QUE JE VIS

Est-ce facile de respecter les règles du jeu ? T'arrive-t-il de tricher ? Te rappelles-tu la dernière fois que tu as demandé pardon ?

Au calme, tu peux prier : « Jésus, apprends-moi à aimer comme tu aimes. »

Texte : Thibault Van Den Driessche. Illustrations : Marcelino Truong

12 - 18

MÉDITATION BIBLIQUE

6E DIMANCHE DU TEMPS ORDINAIRE

Évangile selon saint Matthieu 5, 17-37

L'accomplissement de la Loi

L'enseignement de Jésus dépasse la question religieuse pour concerner la relation que chacun entretient avec la Loi.

Le temps de la préparation

« Heureux les hommes intègres dans leurs voies qui marchent suivant la loi du Seigneur ! » (Ps 118, 1)

Le temps de l'observation

Accomplir la Loi est l'affaire des Juifs. C'est à eux que Jésus s'adresse, eux pour qui l'alliance avec Dieu passe par la mise en œuvre de la Loi dans leur vie. L'enseignement de Jésus porte donc sur l'accomplissement. Les exemples qu'il donne interrogent une interprétation rigoriste de la Loi. Jésus reproche à cette pratique le confort subtil dans lequel elle met ses partisans. À bien regarder les situations présentées, appliquer la Loi de façon rigoriste a un double défaut. D'une part, l'obéissance à la lettre risque de faire passer à côté des signaux faibles de la vie, tous ces petits détails qui peuvent avoir de grandes conséquences dans la réalité. D'autre part, appliquer la Loi sans discernement n'aide pas à connecter la pratique à l'intériorité de la personne. L'application littérale est donc dangereuse car elle fausse, contredit le travail même de la Loi.

Le temps de la méditation

Les chrétiens, en tant que païens, ne sont pas soumis à la Loi. Elle reste aujourd'hui encore, pour le peuple juif, un lien central d'accomplissement de leur alliance avec Dieu. Pourtant, en tant que chrétiens, les propos de Jésus nous concernent. Nous avons tous un rapport à la Loi, nous souhaitons tous bien faire. Jésus appelle non pas à obéir mais à accomplir. Vivre la Loi, ce n'est pas s'en servir comme une menace pour soi ou pour les autres. En tenant compte des prescriptions énoncées, c'est veiller aux signaux faibles qui racontent notre histoire, nos désirs, nos craintes. C'est creuser un chemin d'intériorité pour que la Loi ne génère pas en nous de la duplicité, de l'hypocrisie ou de la bien-pensance. Se soumettre à la loi est exigeant et l'est d'abord pour soi. Jésus ne s'en sert pas pour dicter une norme aux autres. Il s'en sert comme d'un guide précieux pour inviter chacun à plus d'unité et de délicatesse.

Le temps de la prière

« Montre-moi comment garder ta loi, que je l'observe de tout cœur. » (Ps 118, 34) ■

Marie-Laure Durand,
bibliste

L'ÉVÉNEMENT
14 FÉVRIER : SAINT VALENTIN

La Saint-Valentin autrement

Autour du 14 février, plusieurs associations catholiques organisent aux quatre coins de la France une soirée pas comme les autres pour les couples qui le désirent. Le but : leur préparer un moment de qualité.

« Les couples aujourd'hui ressentent trois besoins particuliers : le besoin de temps, le besoin de s'écouter et le besoin de repères », remarque William Galley, responsable famille du Parcours Alpha. Et le projet de « la Saint-Valentin autrement », porté par plusieurs associations familiales – surtout catholiques –, souhaite répondre à ces attentes précises lors de la Saint-Valentin. Pour cela, une soirée prévue en amont est organisée par plusieurs associations, dont la Communion Priscille & Aquila, les associations familiales catholiques et les Équipes Notre-Dame à l'origine de ce projet.

Le tronc commun de chaque soirée se décline ainsi : un accueil fraternel du couple pendant l'apéritif, puis

© R. Franco / Unsplash.com

un dîner servi en tête-à-tête durant lequel des questions sont abordées, et enfin un temps de partage et de témoignages sur des thèmes importants pour la vie conjugale et familiale. « Cet évènement est original et exceptionnel à la fois, s'exclame en riant Isabelle Rousseau, responsable de la Communion Priscille & Aquila. Nous insistons sur le projet de Dieu pour chaque couple, et sur la manière dont le salut offert par Jésus a été vécu concrètement par le couple qui témoigne. » William Galley, quant à lui, ajoute : « À l'instar de ce qui est proclamé dans *Familiaris consortio* de Jean-Paul II, nous voulons redire combien l'union de deux chrétiens portant la même espérance est quelque chose à valoriser. » ■

Anne-Quitterie Jozeau, journaliste

INSCRIPTION À UNE SOIRÉE DE LA SAINT-VALENTIN AUTREMENT

Tout couple, marié ou non, chrétien ou non, peut se joindre à une soirée de la Saint-Valentin autrement. Pour cela, il suffit de se rendre sur le site saintvalentinautrement.fr et de réserver une soirée géographiquement proche organisée dans son propre diocèse. → **saintvalentinautrement.fr**

LUNDI 13 FÉVRIER 2023

6ᴱ SEMAINE DU TEMPS ORDINAIRE COULEUR LITURGIQUE : VERT

Temps ordinaire, *suggestion d'oraisons et d'antiennes n° 20*

Antienne d'ouverture

Dieu, notre protecteur, regarde :
vois le visage de ton Christ ;
un jour dans tes parvis
en vaut plus que mille. (cf. Ps 83, 10-11)

Prière

Pour ceux qui t'aiment, Seigneur Dieu, tu as préparé des biens que l'œil ne peut voir : répands en nos cœurs la ferveur de ta charité, afin que t'aimant en toute chose et par-dessus tout, nous obtenions de toi l'héritage promis qui surpasse tout désir. Par Jésus… — ***Amen.***

Lecture

du livre de la Genèse (4, 1-15. 25)

« Caïn se jeta sur son frère Abel et le tua »

L'homme s'unit à Ève, sa femme : elle devint enceinte, et elle mit au monde Caïn. Elle dit alors : « J'ai acquis un homme avec l'aide du Seigneur ! » Dans la suite, elle mit au monde Abel, frère de Caïn. Abel devint berger, et Caïn cultivait la terre. Au temps fixé, Caïn présenta des produits de la terre en offrande au Seigneur. De son côté, Abel présenta

les premiers nés de son troupeau, en offrant les morceaux les meilleurs. Le Seigneur tourna son regard vers Abel et son offrande, mais vers Caïn et son offrande, il ne le tourna pas. Caïn en fut très irrité et montra un visage abattu. Le Seigneur dit à Caïn : « Pourquoi es-tu irrité, pourquoi ce visage abattu ? Si tu agis bien, ne relèveras-tu pas ton visage ? Mais si tu n'agis pas bien…, le péché est accroupi à ta porte. Il est à l'affût, mais tu dois le dominer. »
Caïn dit à son frère Abel : « Sortons dans les champs. » Et, quand ils furent dans la campagne, Caïn se jeta sur son frère Abel et le tua. Le Seigneur dit à Caïn : « Où est ton frère Abel ? » Caïn répondit : « Je ne sais pas. Est-ce que je suis, moi, le gardien de mon frère ? » Le Seigneur reprit : « Qu'as-tu fait ? La voix du sang de ton frère* crie de la terre vers moi ! Maintenant donc, sois maudit et chassé loin de cette terre qui a ouvert la bouche pour boire le sang de ton frère, versé par ta main. Tu auras beau cultiver la terre, elle ne produira plus rien pour toi. Tu seras un errant, un vagabond sur la terre. » Alors Caïn dit au Seigneur : « Mon châtiment est trop lourd à porter ! Voici qu'aujourd'hui tu m'as chassé de cette terre. Je dois me cacher loin de toi, je serai un errant, un vagabond sur la terre, et le premier venu qui me trouvera me tuera. » Le Seigneur lui répondit : « Si quelqu'un tue Caïn, Caïn sera vengé sept fois. » Et le Seigneur mit un signe sur Caïn pour le préserver d'être tué par le premier venu qui le trouverait.
Adam s'unit encore à sa femme, et elle mit au monde un fils. Elle lui donna le nom de Seth (ce qui veut dire : accordé), car elle dit : « Dieu m'a accordé une nouvelle descendance à la place d'Abel, tué par Caïn. »
– Parole du Seigneur.

Psaume 49 (50)

℟ ***Offre à Dieu le sacrifice d'action de grâce.***

Le Dieu des dieux, le Seigneur,
parle et convoque la terre
du soleil levant jusqu'au soleil couchant :
« Assemblez, devant moi, mes fidèles. ℟

« Écoute, mon peuple, je parle.
Moi, Dieu, je suis ton Dieu !
Je ne t'accuse pas pour tes sacrifices ;
tes holocaustes sont toujours
devant moi. ℟

« Qu'as-tu à réciter mes lois,
à garder mon alliance à la bouche,
toi qui n'aimes pas les reproches
et rejettes loin de toi mes paroles ? ℟

« Tu t'assieds, tu diffames ton frère,
tu flétris le fils de ta mère.
Voilà ce que tu fais ;
garderai-je le silence ?
Penses-tu que je suis comme toi ? » ℟

Acclamation de l'Évangile

Alléluia. Alléluia. Moi, je suis le Chemin, la Vérité et la Vie, dit le Seigneur. Personne ne va vers le Père sans passer par moi. ***Alléluia.***

Évangile de Jésus Christ

selon saint Marc (8, 11-13)

« Pourquoi cette génération cherche-t-elle un signe ? »

En ce temps-là, les pharisiens survinrent et se mirent à discuter avec Jésus ; pour le mettre à l'épreuve, ils cherchaient à obtenir de lui un signe venant du ciel. Jésus soupira au plus profond de lui-même et dit :

« Pourquoi cette génération cherche-t-elle un signe ? Amen, je vous le déclare : aucun signe ne sera donné à cette génération. » Puis il les quitta, remonta en barque, et il partit vers l'autre rive.

Prière sur les offrandes

Accueille, Seigneur, ce que nous présentons pour cette eucharistie où s'accomplit un admirable échange : en offrant ce que tu nous as donné, puissions-nous te recevoir toi-même. Par le Christ, notre Seigneur. – ***Amen.***

Antienne de la communion

Oui, près du Seigneur
est la miséricorde ; près de lui
abonde le rachat. (cf. Ps 129, 7)
OU
Je suis le pain vivant, qui est
descendu du ciel, dit le Seigneur ;
si quelqu'un mange de ce pain,
il vivra éternellement. (Jn 6, 51)

Prière après la communion

Par ces sacrements, Seigneur, tu nous as unis au Christ, et nous implorons humblement ta bonté : sur la terre, transforme-nous à son image, pour que nous puissions partager sa vie dans le ciel. Lui qui… – ***Amen.***

INVITATION

C'était hier la Journée internationale des enfants soldats. Je pourrais me renseigner sur une association qui lutte pour leur libération et leur réinsertion.

COMMENTAIRE

Trouver la présence de Dieu Marc 8, 11-13

Jésus n'accomplit pas les miracles pour montrer sa puissance, ni pour attirer les autres. Il a refusé de se jeter du haut du Temple (Mt 4, 5-7) et de descendre de la Croix (Mc 15, 29-32). Il les fait parce qu'il se laisse toucher par la misère des hommes. Aujourd'hui, Jésus continue de faire des miracles sous différentes formes. Trouvons sa présence et laissons-nous toucher par ces signes dans les choses les plus ordinaires de notre vie. ■ *Pierre Tran Khac Tram, prêtre assomptionniste*

✲ CLÉ DE LECTURE

« La voix du sang de ton frère » Genèse 4, 10 *(p. 103)*

Plus précisément, c'est le « sol » qui a bu le sang et qui crie vers Dieu. Ce sol dont le nom (« adamah ») a donné celui de l'humanité (« adam »). Ce sol qui, comme Dieu le constate, deviendra alors stérile, refusant de donner la vie, puisqu'il a été abreuvé de mort. Une façon imagée de dire que les meurtres entre les humains atteignent aussi le sol, la terre où ils vivent et qu'ils rendent inhabitable au sens fort. Nous savons trop à quel point cela est devenu vrai devant les terres ravagées par les bombes et la folie humaine. On peut alors comprendre qu'il ne s'agit pas d'un châtiment de Dieu, mais bien de la responsabilité de l'homme. D'ailleurs, l'auteur biblique nous apprend que Dieu veut limiter autant qu'il est possible l'engrenage de la violence. ■ *Roselyne Dupont-Roc, bibliste*

MARDI 14 FÉVRIER 2023

6E SEMAINE DU TEMPS ORDINAIRE COULEUR LITURGIQUE : BLANC

Saint Cyrille et saint Méthode

IXe siècle. Ces deux frères, originaires de l'Empire byzantin, évangélisèrent les Slaves et les dotèrent d'un alphabet. Copatrons de l'Europe.

12 - 18

Antienne d'ouverture

Fêtons les amis de Dieu, saint Cyrille et saint Méthode :
la gloire des deux frères fut de proclamer la vérité reçue du Seigneur.

Gloire à Dieu (p. 213)

Prière

Seigneur Dieu, tu as conduit les peuples slaves à la lumière, grâce aux frères saints Cyrille et Méthode ; ouvre nos cœurs à l'intelligence de ta parole : fais de nous un peuple uni dans la vraie foi et dans un témoignage authentique. Par Jésus… — ***Amen.***

Lectures propres à la fête de saint Cyrille et saint Méthode.

Lecture

des Actes des Apôtres (13, 46-49)

« Nous nous tournons vers les nations païennes »

En ces jours-là, à Antioche de Pisidie, Paul et Barnabé déclarèrent aux Juifs avec assurance : « C'est à vous d'abord qu'il était nécessaire d'adresser la parole de Dieu. Puisque vous la rejetez et que vous-mêmes ne vous jugez pas dignes de la vie éternelle, eh bien ! nous nous tournons vers les nations païennes. C'est le commandement que le Seigneur nous a donné : *J'ai fait de toi la lumière des nations pour que, grâce à toi, le salut parvienne jusqu'aux extrémités de la terre.* » En entendant cela, les païens étaient dans la joie et rendaient gloire à la parole du Seigneur ; tous ceux qui étaient destinés à la vie éternelle devinrent croyants. Ainsi la parole du Seigneur se répandait dans toute la région. – Parole du Seigneur.

Psaume 116 (117)

℟ ***Allez dans le monde entier. Proclamez l'Évangile.***
OU ***Alléluia !***

Louez le Seigneur, tous les peuples ;
fêtez-le tous les pays ! ℟

Son amour envers nous s'est montré le plus fort ;
éternelle est la fidélité du Seigneur ! ℟

Acclamation de l'Évangile

Alléluia. Alléluia. Le Seigneur m'a envoyé porter la Bonne Nouvelle aux pauvres, annoncer aux captifs leur libération. ***Alléluia.***

Évangile de Jésus Christ

selon saint Luc (10, 1-9)

« La moisson est abondante, mais les ouvriers sont peu nombreux »

En ce temps-là, parmi les disciples, le Seigneur en désigna encore 72, et il les envoya deux par deux, en avant de lui, en toute ville et localité où lui-même allait se rendre. Il leur dit : « La moisson est abondante, mais les ouvriers sont peu nombreux. Priez donc le maître de la moisson d'envoyer des ouvriers pour sa moisson. Allez ! Voici que je vous envoie comme des agneaux au milieu des loups. Ne portez ni bourse, ni sac, ni sandales, et ne saluez personne en chemin. Mais dans toute maison où vous entrerez, dites d'abord : "Paix à cette maison." S'il y a là un ami de la paix, votre paix ira reposer sur lui ; sinon, elle reviendra sur vous. Restez dans cette maison, mangeant et buvant ce que l'on vous sert ; car l'ouvrier mérite son salaire. Ne passez pas de maison en maison. Dans toute ville où vous entrerez et où vous serez accueillis, mangez ce qui vous est présenté. Guérissez les malades qui s'y trouvent et dites-leur : "Le règne de Dieu s'est approché de vous." »

Prière sur les offrandes

Regarde les offrandes que nous te présentons, Seigneur, Dieu de majesté, en mémoire des saints Cyrille et Méthode : fais qu'elles deviennent le signe de l'humanité nouvelle réconciliée avec toi dans la perfection de l'amour. Par le Christ, notre Seigneur. — ***Amen.***

Antienne de la communion

Les disciples s'en allèrent proclamer partout l'Évangile. Le Seigneur travaillait avec eux et confirmait leur parole par les signes qui l'accompagnaient. (cf. Mt 16, 20)

Prière après la communion

Dieu, Père de toutes les nations, tu nous donnes d'avoir part à un seul pain et à un seul Esprit, et tu fais de nous les héritiers du banquet éternel ; en cette fête des saints Cyrille et Méthode, accorde en ta bonté à la multitude de tes enfants de persévérer dans la même foi et de construire ensemble un règne de justice et de paix. Par le Christ, notre Seigneur. – ***Amen.***

INVITATION

Les frères Cyrille et Méthode, fêtés ce jour, ont donné aux Slaves leur premier alphabet, pour qu'ils accèdent à la parole de Dieu. Aujourd'hui, je peux me souvenir que je fais partie de la grande aventure chrétienne.

COMMENTAIRE

Devenir moissonneur Luc 10, 1-9

Être ouvrier de la moisson de Dieu n'est pas réservé au groupe des Douze mais s'adresse aussi aux 72 disciples, compris comme le reflet du champ missionnaire de l'Église. L'Église est à la fois héritage et projet. Tout est reçu, tout est à transmettre. N'oublions pas que ce qui importe en premier, ce ne sont pas les messages mais plutôt la simplicité, la paix et l'ouverture aux autres. C'est notre manière d'être qui est le premier témoignage de notre mission. ■

Pierre Tran Khac Tram, prêtre assomptionniste

MERCREDI 15 FÉVRIER 2023

6E SEMAINE DU TEMPS ORDINAIRE COULEUR LITURGIQUE : VERT

Temps ordinaire, *suggestion d'oraisons et d'antiennes n° 21*

12 - 18

Antienne d'ouverture

Incline vers moi ton oreille, Seigneur,
exauce-moi. Sauve, ô mon Dieu, ton serviteur
qui espère en toi. Prends pitié de moi, Seigneur,
toi que j'appelle tout le jour. (cf. Ps 85, 1-3)

Prière

Seigneur Dieu, toi qui unis les cœurs des fidèles dans une seule volonté : donne à ton peuple d'aimer ce que tu commandes et de désirer ce que tu promets, pour qu'au milieu des changements de ce monde, nos cœurs s'établissent fermement là où se trouvent les vraies joies. Par Jésus… ***— Amen.***

Lecture

du livre de la Genèse (8, 6-13. 20-22)

« Noé regarda : et voici que la surface du sol était sèche »

Au bout de quarante jours, Noé ouvrit la fenêtre de l'arche qu'il avait construite, et il lâcha le corbeau ; celui-ci fit des allers et retours, jusqu'à ce que les eaux se soient retirées, laissant la terre à sec. Noé lâcha aussi la colombe pour voir si les eaux avaient baissé à la surface du sol. La colombe ne trouva pas d'endroit où se poser, et elle revint vers l'arche auprès

de lui, parce que les eaux étaient sur toute la surface de la terre ; Noé tendit la main, prit la colombe, et la fit rentrer auprès de lui dans l'arche. Il attendit encore sept jours, et lâcha de nouveau la colombe hors de l'arche. Vers le soir, la colombe revint, et voici qu'il y avait dans son bec un rameau d'olivier tout frais ! Noé comprit ainsi que les eaux avaient baissé sur la terre. Il attendit encore sept autres jours et lâcha la colombe, qui, cette fois-ci, ne revint plus vers lui. C'est en l'an six cent un de la vie de Noé, au premier mois, le premier jour du mois, que les eaux s'étaient retirées, laissant la terre à sec. Noé enleva le toit de l'arche, et regarda : et voici que la surface du sol était sèche*.
Noé bâtit un autel au Seigneur ; il prit, parmi tous les animaux purs et tous les oiseaux purs, des victimes qu'il offrit en holocauste sur l'autel. Le Seigneur respira l'agréable odeur, et il se dit en lui-même : « Jamais plus je ne maudirai le sol à cause de l'homme : le cœur de l'homme est enclin au mal dès sa jeunesse, mais jamais plus je ne frapperai tous les vivants comme je l'ai fait. Tant que la terre durera, semailles et moissons, froidure et chaleur, été et hiver, jour et nuit jamais ne cesseront. »
– Parole du Seigneur.

Psaume 115 (116B)

℟ ***Seigneur, je t'offrirai le sacrifice d'action de grâce.***
OU ***Alléluia !***

Comment rendrai-je au Seigneur
tout le bien qu'il m'a fait ?

J'élèverai la coupe du salut,
j'invoquerai le nom du Seigneur. ℟

Je tiendrai mes promesses au Seigneur,
oui, devant tout son peuple !
Il en coûte au Seigneur
de voir mourir les siens ! ℟

Je tiendrai mes promesses au Seigneur,
oui, devant tout son peuple,
à l'entrée de la maison du Seigneur,
au milieu de Jérusalem ! ℟

Acclamation de l'Évangile

Alléluia. Alléluia. Que le Père de notre Seigneur Jésus Christ ouvre à sa lumière les yeux de notre cœur, pour que nous percevions l'espérance que donne son appel. ***Alléluia.***

Évangile de Jésus Christ

selon saint Marc (8, 22-26)

« L'aveugle se trouva guéri, et il distinguait tout avec netteté »

En ce temps-là, Jésus et ses disciples arrivèrent à Bethsaïde. Des gens lui amènent un aveugle et le supplient de le toucher. Jésus prit l'aveugle par la main et le conduisit hors du village. Il lui mit de la salive sur les yeux et lui imposa les mains. Il lui demandait : « Aperçois-tu quelque chose ? » Levant les yeux, l'homme disait : « J'aperçois les gens : ils ressemblent à des arbres que je vois marcher. » Puis Jésus, de nouveau, imposa les mains sur les yeux de l'homme ; celui-ci se mit à voir normalement, il se trouva guéri, et il distinguait tout avec netteté. Jésus le renvoya dans sa maison en disant : « Ne rentre même pas dans le village. »

Prière sur les offrandes

Par l'unique sacrifice, offert une fois pour toutes, tu t'es donné, Seigneur, le peuple que tu as adopté ; en ta bienveillance, accorde-nous la grâce de l'unité et de la paix dans ton Église. Par le Christ, notre Seigneur. **— *Amen.***

Antienne de la communion

La terre se rassasie du fruit
de tes œuvres, Seigneur, tu fais
produire à la terre le pain, et le vin
qui réjouit le cœur de l'homme.
(cf. Ps 103, 13-15)

OU

Qui mange ma chair et boit
mon sang a la vie éternelle,
dit le Seigneur ;
et moi, je le ressusciterai
au dernier jour. (Jn 6, 54)

Prière après la communion

Que ta miséricorde agisse en nous, Seigneur, nous t'en prions, et qu'elle nous guérisse entièrement ; par ta bonté, transforme-nous et rends-nous si fervents que nous puissions te plaire en toute chose. Par le Christ, notre Seigneur. **— *Amen.***

INVITATION

« Noé bâtit un autel au Seigneur. » Et moi, comment vais-je remercier Dieu ? Je peux lire le psaume de ce jour et l'apprendre par cœur pour qu'il m'accompagne toute la journée.

COMMENTAIRE

Les gestes de la foi

Marc 8, 22-26

Le texte de l'évangile nous montre trois gestes décisifs de l'aveugle : il se laisse guider par les autres pour aller vers Jésus ; il se laisse toucher par Jésus ; il s'aperçoit qu'il est guéri. La foi est un chemin marqué par la solidarité avec autrui, la reconnaissance de la faiblesse de soi et la gratitude. Cependant, avant tout, c'est Jésus qui nous prend par la main. Il s'agit du geste le plus touchant de Dieu qui manifeste sa tendresse infinie pour l'humanité. ■

Pierre Tran Khac Tram, prêtre assomptionniste

❊ CLÉ DE LECTURE

« Était sèche »

Genèse 8, 13 *(p. 112)*

Le récit du déluge est inspiré par les grandes épopées mésopotamiennes, dans lesquelles la submersion de la terre par les eaux est largement évoquée. Mais l'auteur biblique intègre le déluge à la construction puissante de l'histoire qu'il poursuit : Dieu crée le monde pour le bénir et les êtres humains pour faire alliance avec eux. Or la violence des humains met sans cesse à mal le projet créateur de bénédiction. Mais comme dans le premier récit de la Création (Gn 1, 10), comme plus tard dans le récit de l'Exode (Ex 14, 21-22), alors que le monde ou le peuple risquent d'être submergés par les eaux du chaos, de la perversite ou de l'asservissement, Dieu fait apparaître la terre sèche qui émerge des eaux, signe de la vie qui toujours renaît de son souffle créateur. ■

Roselyne Dupont-Roc, bibliste

JEUDI 16 FÉVRIER 2023

6E SEMAINE DU TEMPS ORDINAIRE COULEUR LITURGIQUE : VERT

Temps ordinaire, *suggestion d'oraisons et d'antiennes n° 22*

Antienne d'ouverture

Prends pitié de moi, Seigneur, car j'ai crié vers toi
tout le jour, toi qui es bon et qui pardonnes,
plein de miséricorde pour tous ceux qui t'appellent. (cf. Ps 85, 3. 5)

Prière

Dieu de l'univers, de qui vient tout don parfait, enracine en nos cœurs l'amour de ton nom ; augmente notre foi pour développer ce qui est bon en nous ; veille sur nous avec sollicitude pour protéger ce que tu as fait grandir. Par Jésus… ***— Amen.***

Lecture

du livre de la Genèse (9, 1-13)

« Je mets mon arc au milieu des nuages,
pour qu'il soit le signe de l'alliance entre moi et la terre »

Dieu bénit Noé et ses fils. Il leur dit : « Soyez féconds, multipliez-vous, remplissez la terre. Vous serez la crainte et la terreur de tous les animaux de la terre, de tous les oiseaux du ciel, de tout ce qui va et vient sur le sol, et de tous les poissons de la mer : ils sont livrés entre vos mains. Tout ce qui va et vient, tout ce qui vit sera votre nourriture ; comme je vous avais donné l'herbe verte, je vous donne tout cela. Mais,

avec la chair, vous ne mangerez pas le principe de vie, c'est-à-dire le sang. Quant au sang, votre principe de vie, j'en demanderai compte à tout animal et j'en demanderai compte à tout homme ; à chacun, je demanderai compte de la vie de l'homme, son frère. Si quelqu'un verse le sang de l'homme, par l'homme son sang sera versé. Car Dieu a fait l'homme à son image. Et vous, soyez féconds, multipliez-vous, devenez très nombreux sur la terre ; oui, multipliez-vous ! »

Dieu dit encore à Noé et à ses fils : « Voici que moi, j'établis mon alliance avec vous, avec votre descendance après vous, et avec tous les êtres vivants qui sont avec vous : les oiseaux, le bétail, toutes les bêtes de la terre, tout ce qui est sorti de l'arche. Oui, j'établis mon alliance avec vous : aucun être de chair ne sera plus détruit par les eaux du déluge, il n'y aura plus de déluge pour ravager la terre. »

Dieu dit encore : « Voici le signe de l'alliance que j'établis entre moi et vous, et avec tous les êtres vivants qui sont avec vous, pour les générations à jamais : je mets mon arc au milieu des nuages, pour qu'il soit le signe de l'alliance entre moi et la terre. » – Parole du Seigneur.

Psaume 101 (102)

℟ ***Du ciel, le Seigneur regarde la terre.***

Les nations craindront le n**o**m du Seigneur,
et tous les rois de la t**e**rre, sa gloire :
quand le Seigneur rebâtir**a** Sion,

quand il apparaîtr**a** dans sa gloire,
il se tournera vers la pri**è**re du spolié,
il n'aura pas mépris**é** sa prière. ℟

Que cela soit écrit pour l'âge à venir,
et le peuple à nouveau créé
chantera son Dieu :
« Des hauteurs, son sanctuaire,
le Seigneur s'est penché ;
du ciel, il regarde la terre
pour entendre la plainte des captifs
et libérer ceux qui devaient mourir. » R/

On publiera dans Sion le nom du Seigneur
et sa louange dans tout Jérusalem,
au rassemblement des royaumes
et des peuples
qui viendront servir le Seigneur.
Les fils de tes serviteurs trouveront
un séjour,
et devant toi se maintiendra
leur descendance. R/

Acclamation de l'Évangile

Alléluia. Alléluia. Tes paroles, Seigneur, sont esprit et elles sont vie. Tu as les paroles de la vie éternelle. ***Alléluia.***

Évangile de Jésus Christ

selon saint Marc (8, 27-33)

« Tu es le Christ. – Il fallait que le Fils de l'homme souffre beaucoup »

En ce temps-là, Jésus s'en alla, ainsi que ses disciples, vers les villages situés aux environs de Césarée-de-Philippe. Chemin faisant, il interrogeait ses disciples : « Au dire des gens, qui suis-je ? » Ils lui répondirent : « Jean le Baptiste ; pour d'autres, Élie ; pour d'autres, un des prophètes. » Et lui les interrogeait : « Et vous, que dites-vous ? Pour vous, qui suis-je ? » Pierre, prenant la parole, lui dit : « Tu es le

Christ. » Alors, il leur défendit vivement de parler de lui à personne. Il commença à leur enseigner qu'il fallait que le Fils de l'homme souffre beaucoup, qu'il soit rejeté par les anciens, les grands prêtres et les scribes, qu'il soit tué, et que, trois jours après, il ressuscite. Jésus disait cette parole ouvertement. Pierre, le prenant à part, se mit à lui faire de vifs reproches. Mais Jésus se retourna et, voyant ses disciples, il interpella vivement Pierre : « Passe derrière moi, Satan ! Tes pensées ne sont pas celles de Dieu, mais celles des hommes. »

Prière sur les offrandes

Que cette offrande sainte nous apporte à jamais, Seigneur, la bénédiction du salut, afin qu'elle donne toute sa force à ce qu'elle accomplit dans le sacrement. Par le Christ, notre Seigneur. — ***Amen.***

Antienne de la communion

Heureux les artisans de paix,
car ils seront appelés fils de Dieu.
Heureux ceux qui sont persécutés
pour la justice, car le royaume
des Cieux est à eux.
(Mt 5, 9-10)

OU

Qu'ils sont grands, tes bienfaits,
Seigneur ! Tu les réserves
à ceux qui te craignent.
(Ps 30, 20)

JEUDI 16 FÉVRIER 2023

Prière après la communion
Rassasiés par le pain reçu à la table du ciel, nous te prions, Seigneur : que cette nourriture fortifie en nos cœurs la charité, et nous stimule à te servir dans nos frères. Par le Christ, notre Seigneur. — ***Amen.***

INVITATION

Que pourrais-je entreprendre, dans ma paroisse, pour travailler à la mise en œuvre de pratiques respectueuses de la Création ?

COMMENTAIRE

« Tu es le Christ ! » Marc 8, 27-33

À la question primordiale de son Maître, « Qui suis-je ? », Pierre répond au nom de tous : « Tu es le Christ. » Il s'agit d'une réponse décisive. Jésus est en effet le Christ attendu, le Roi oint d'Israël, le Sauveur de toute l'humanité. Mais il faut se rappeler que Jésus est aussi le « Fils de l'homme » qui est discrètement présent parmi nous, qui est devenu l'un de nous pour partager notre vie, la souffrance, voire la mort. Telle est la Bonne Nouvelle : Dieu est avec nous ! ■

***Pierre Tran Khac Tram,** prêtre assomptionniste*

VENDREDI 17 FÉVRIER 2023

6E SEMAINE DU TEMPS ORDINAIRE COULEUR LITURGIQUE : VERT

Temps ordinaire, *suggestion d'oraisons et d'antiennes n° 23*
ou **Sept saints fondateurs de l'ordre des Servites**

12 - 18

Antienne d'ouverture

Toi, tu es juste, Seigneur, tu es droit dans ton jugement.
Agis pour ton serviteur selon ta miséricorde. (cf. Ps 118, 137. 124a)

Prière

Seigneur Dieu, par toi nous vient la rédemption, par toi nous est donnée l'adoption filiale ; dans ta bonté, regarde avec amour tes enfants ; à ceux qui croient au Christ, accorde la vraie liberté et la vie éternelle en héritage. Par Jésus… ***— Amen.***

Lecture

du livre de la Genèse (11, 1-9)

« Allons ! descendons, et là, embrouillons leur langue »

Toute la terre avait alors la même langue et les mêmes mots. Au cours de leurs déplacements du côté de l'orient, les hommes découvrirent une plaine en Mésopotamie, et s'y établirent. Ils se dirent l'un à l'autre : « Allons ! fabriquons des briques et mettons-les à cuire ! » Les briques leur servaient de pierres, et le bitume, de mortier. Ils dirent : « Allons ! bâtissons-nous une ville, avec une tour dont le sommet soit dans les cieux. Faisons-nous un nom, pour ne pas être disséminés sur toute la surface de

la terre. » Le Seigneur descendit pour voir la ville et la tour que les hommes avaient bâties. Et le Seigneur dit : « Ils sont un seul peuple, ils ont tous la même langue : s'ils commencent ainsi, rien ne les empêchera désormais de faire tout ce qu'ils décideront. Allons ! descendons, et là, embrouillons leur langue : qu'ils ne se comprennent plus les uns les autres. » De là, le Seigneur les dispersa sur toute la surface de la terre. Ils cessèrent donc de bâtir la ville. C'est pourquoi on l'appela Babel, car c'est là que le Seigneur embrouilla la langue des habitants de toute la terre ; et c'est de là qu'il les dispersa sur toute la surface de la terre. – Parole du Seigneur.

Psaume 32 (33)

℟ ***Heureux le peuple que le Seigneur s'est choisi pour domaine.***

Le Seigneur a déjoué les plans des nations,
anéanti les projets des peuples.
Le plan du Seigneur demeure pour toujours,
les projets de son cœur subsistent
d'âge en âge. ℟

Heureux le peuple dont le Seigneur
est le Dieu,
heureuse la nation qu'il s'est choisie
pour domaine !

Du haut des cieux, le Seigneur regarde :
il voit la race des hommes. ℟

Du lieu qu'il habite, il observe
tous les habitants de la terre,
lui qui forme le cœur de chacun,
qui pénètre toutes leurs actions. ℟

Acclamation de l'Évangile

Alléluia. Alléluia. Je vous appelle mes amis, dit le Seigneur, car tout ce que j'ai entendu de mon Père, je vous l'ai fait connaître. ***Alléluia.***

Évangile de Jésus Christ

selon saint Marc (8, 34 – 9, 1)

« Celui qui perdra sa vie à cause de moi et de l'Évangile la sauvera »

En ce temps-là, appelant la foule avec ses disciples, Jésus leur dit : « Si quelqu'un veut marcher à ma suite, qu'il renonce à lui-même, qu'il prenne sa croix et qu'il me suive. Car celui qui veut sauver sa vie la perdra ; mais celui qui perdra sa vie à cause de moi et de l'Évangile la sauvera. Quel avantage, en effet, un homme a-t-il à gagner le monde entier si c'est au prix de sa vie ? Que pourrait-il donner en échange de sa vie ? Celui qui a honte de moi* et de mes paroles dans cette génération adultère et pécheresse, le Fils de l'homme aussi aura honte de lui, quand il viendra dans la gloire de son Père avec les saints anges. »

Et il leur disait : « Amen, je vous le dis : parmi ceux qui sont ici, certains ne connaîtront pas la mort avant d'avoir vu le règne de Dieu venu avec puissance. »

12 - 18

Prière sur les offrandes

Seigneur Dieu, source de la piété véritable et de la paix, nous t'en prions, accorde-nous d'honorer dignement ta gloire par cette offrande ; que, dans la participation fidèle aux saints mystères, nous prenions davantage conscience de notre unité. Par le Christ, notre Seigneur. ***— Amen.***

Antienne de la communion

Comme un cerf altéré
cherche la source des eaux,
ainsi mon âme te désire, toi,
mon Dieu. Mon âme a soif
de Dieu, le Dieu vivant et fort.
(cf. Ps 41, 2-3)

OU

Je suis la lumière du monde,
dit le Seigneur. Celui qui me suit
ne marchera pas dans les ténèbres,
il aura la lumière de la vie.
(Jn 8, 12)

Prière après la communion

Par ta parole, Seigneur, et par le sacrement du ciel, tu nourris tes fidèles et tu les fais vivre : accorde-nous de si bien profiter de tels dons que nous soyons associés pour toujours à la vie de ton Fils bien-aimé. Lui qui… — ***Amen.***

INVITATION

Nous fêtons aujourd'hui les Sept saints fondateurs de l'ordre des Servites, unis de leur vivant par un fort lien de fraternité. Je pourrais (re)lire l'encyclique *Fratelli tutti*.

COMMENTAIRE

Se renier soi-même

Marc 8, 34 – 9, 1

Aujourd'hui, Jésus nous invite à nous renier nous-mêmes pour le suivre. Se renier soi-même consiste avant tout à se placer dans les mains miséricordieuses de Dieu, à refuser une attitude égocentrique, à mettre sa propre volonté dans celle de Dieu. Jésus a vécu ainsi tout au long de sa vie terrestre. N'oublions pas que c'est lorsqu'il s'est dépouillé que le Père l'a souverainement élevé et lui a conféré le « Nom qui est au-dessus de tout nom » (Ph 2, 9). ■ ***Pierre Tran Khac Tram,*** *prêtre assomptionniste*

❊ CLÉ DE LECTURE

« Qui a honte de moi »

Marc 8, 38 *(p. 123)*

La notion de « honte » n'est pas souvent explicitée dans notre société. Elle n'en reste pas moins présente sous d'autres formes, et d'abord dans la fracture sociale qui se reflète dans le monde des squats, des camps, des sans-logis. La honte est bien une forme du mépris. Les premiers groupes chrétiens dans le monde romain ont longtemps été dénigrés : des esclaves, des pauvres gens, des femmes. Les disciples d'un crucifié ne peuvent qu'être regardés avec un mélange d'horreur et de dégoût, ils font honte. Marc connaît les enseignements de Paul : la Croix est scandaleuse, voire inadmissible. Nous ne devons jamais oublier que celui que nous appelons « Seigneur » est apparu comme un maudit ou un paria, venu rejoindre les exclus de la société de son temps. ■ ***Roselyne Dupont-Roc,*** *bibliste*

SAMEDI 18 FÉVRIER 2023

6E SEMAINE DU TEMPS ORDINAIRE COULEUR LITURGIQUE : VERT

Temps ordinaire, *suggestion d'oraisons et d'antiennes n° 24*
ou **bienheureuse Vierge Marie,** *voir p. 35*
ou **sainte Bernadette Soubirous,** *voir p. 131*

Antienne d'ouverture

Donne la paix, Seigneur, à ceux qui t'attendent ;
que tes prophètes soient reconnus dignes de foi.
Écoute les prières de ton serviteur, et de ton peuple Israël. (cf. Si 36, 21-22)

Prière

Dieu créateur et maître de tout, pose sur nous ton regard, et pour que nous ressentions l'effet de ton pardon, accorde-nous de te servir avec un cœur sans partage. Par Jésus… – ***Amen.***

Lecture

de la lettre aux Hébreux (11, 1-7)

« Grâce à la foi, nous comprenons que les mondes ont été formés par une parole de Dieu »

Frères, la foi est une façon de posséder ce que l'on espère, un moyen de connaître des réalités qu'on ne voit pas. Et quand l'Écriture rend témoignage aux anciens, c'est à cause de leur foi.

Grâce à la foi*, nous comprenons que les mondes ont été formés par une parole de Dieu, et donc ce qui est visible n'a pas son origine dans ce qui apparaît au regard. Grâce à la foi, Abel offrit à Dieu un sacrifice

plus grand que celui de Caïn ; à cause de sa foi, il fut déclaré juste : Dieu lui-même rendait témoignage à son offrande ; à cause de sa foi, bien qu'il soit mort, il parle encore.
Grâce à la foi, Hénok fut retiré de ce monde, et il ne connut pas la mort ; personne ne le retrouva parce que Dieu l'avait retiré ; avant cet événement, il avait été agréable à Dieu, l'Écriture en témoigne. Or, sans la foi, il est impossible d'être agréable à Dieu ; car, pour s'avancer vers lui, il faut croire qu'il existe et qu'il récompense ceux qui le cherchent.
Grâce à la foi, Noé, averti de choses encore invisibles, accueillit cet oracle avec respect et construisit une arche pour le salut de sa famille. Sa foi condamnait le monde, et il reçut en héritage la justice qui s'obtient par la foi. – Parole du Seigneur.

Psaume 144 (145)

℟ ***Je bénirai ton nom, Seigneur, toujours et à jamais.***

Chaque jour je te bénirai,
je louerai ton nom toujours et à jamais.
Il est grand, le Seigneur, hautement loué ;
à sa grandeur, il n'est pas de limite. ℟

D'âge en âge, on vantera tes œuvres,
on proclamera tes exploits.
Je redirai le récit de tes merveilles,
ton éclat, ta gloire et ta splendeur. ℟

Que tes œuvres, Seigneur, te rendent grâce
et que tes fidèles te bénissent !
Ils diront la gloire de ton règne,
ils parleront de tes exploits. ℟

Acclamation de l'Évangile

Alléluia. Alléluia. De la nuée une voix se fit entendre : « Celui-ci est mon Fils bien-aimé : écoutez-le ! » ***Alléluia.***

Évangile de Jésus Christ

selon saint Marc (9, 2-13)

« Il fut transfiguré devant eux »

En ce temps-là, Jésus prit avec lui Pierre, Jacques et Jean, et les emmena, eux seuls, à l'écart sur une haute montagne. Et il fut transfiguré devant eux. Ses vêtements devinrent resplendissants, d'une blancheur telle que personne sur terre ne peut obtenir une blancheur pareille. Élie leur apparut avec Moïse, et tous deux s'entretenaient avec Jésus. Pierre alors prend la parole et dit à Jésus : « Rabbi, il est bon que nous soyons ici ! Dressons donc trois tentes : une pour toi, une pour Moïse, et une pour Élie. » De fait, Pierre ne savait que dire, tant leur frayeur était grande. Survint une nuée qui les couvrit de son ombre, et de la nuée une voix se fit entendre : « Celui-ci est mon Fils bien-aimé : écoutez-le ! » Soudain, regardant tout autour, ils ne virent plus que Jésus seul avec eux.

Ils descendirent de la montagne, et Jésus leur ordonna de ne raconter à personne ce qu'ils avaient vu, avant que le Fils de l'homme soit ressuscité d'entre les morts. Et ils restèrent fermement attachés à cette parole, tout en se demandant entre eux ce que voulait dire : « ressusciter d'entre les morts ». Ils l'interrogeaient : « Pourquoi les scribes disent-ils que le prophète Élie doit venir d'abord ? » Jésus leur dit : « Certes, Élie vient d'abord pour remettre toute chose à sa place. Mais alors, pourquoi l'Écriture dit-elle, au sujet du Fils de l'homme, qu'il souffrira beaucoup et sera méprisé ? Eh bien ! je vous le déclare : Élie est déjà venu, et ils lui ont fait tout ce qu'ils ont voulu, comme l'Écriture le dit à son sujet. »

Prière sur les offrandes

Sois favorable à nos supplications, Seigneur, et dans ta bonté accueille les offrandes de ceux qui te servent : que les dons offerts par chacun en l'honneur de ton nom soient utiles au salut de tous. Par le Christ, notre Seigneur. **— *Amen.***

Antienne de la communion

Qu'elle est précieuse, ta miséricorde, ô mon Dieu ! Les hommes trouvent refuge à l'ombre de tes ailes. (cf. Ps 35, 8)
OU La coupe de bénédiction que nous bénissons est communion au sang du Christ. Le pain que nous rompons est participation au corps du Seigneur. (1 Co 10, 16)

Prière après la communion

Que la force agissante de ce don divin, nous t'en prions, Seigneur, saisisse nos esprits et nos corps, afin que son influence, et non pas notre sentiment, prédomine toujours en nous. Par le Christ, notre Seigneur.
— *Amen.*

INVITATION

Aujourd'hui, en mémoire de Bernadette Soubirous, je peux prier le chapelet en direct depuis Lourdes, avec une intention pour tous les enfants dont les besoins élémentaires ne sont pas satisfaits.

COMMENTAIRE

L'expérience éblouissante Marc 9, 2-13

« Il fut transfiguré devant eux. Ses vêtements devinrent éblouissants. » En contemplant les mystères du Christ, particulièrement celui de Pâques, que chacun de nous ait cette expérience intérieure : le Christ éblouit notre vie. C'est cette expérience fondamentale qui nous permet de goûter la joie et le bonheur de la vocation chrétienne en trouvant la présence du Christ éblouissante même dans nos épreuves et nos souffrances. ■

***Pierre Tran Khac Tram**, prêtre assomptionniste*

✻ CLÉ DE LECTURE

« La foi » Hébreux 11, 1 *(p. 126)*

Dans une impressionnante galerie de portraits bibliques, l'auteur de la lettre aux Hébreux fait de la foi le moteur d'une histoire humaine tout entière appuyée sur la fidélité de Dieu à sa promesse de bénédiction et de vie. La foi fonde et maintient ferme l'espérance à travers les épreuves et permet de traverser même la mort pour tout recevoir de Dieu. En réalité, l'auteur dessine en filigrane le chemin de la Pâque du Christ, vie, mort et résurrection. Comme si ces grandes figures de l'Écriture ébauchaient et anticipaient celui dont la foi, fidélité parfaite au dessein du Père, ouvrirait à l'humanité le chemin de la réconciliation et de la paix, celui qui serait le premier-né d'une multitude de frères, depuis Adam jusqu'au dernier de tous les humains à venir. ■

***Roselyne Dupont-Roc**, bibliste*

Sainte Bernadette Soubirous

Couleur liturgique : blanc

1844-1879. C'est à cette jeune fille pauvre de Lourdes que l'Immaculée choisit d'apparaître à dix-huit reprises, en 1858. Bernadette se retira ensuite chez les sœurs de la Charité de Nevers.

Antienne d'ouverture

Que tu es belle, vierge du Christ !
Tu as mérité de recevoir la couronne
du Seigneur, la couronne
de la virginité à jamais.

Prière

Tu prends la défense des humbles, Seigneur, tu les aimes et les glorifies, et tu as donné à sainte Bernadette d'étonnantes grâces de patience et de charité ; fais qu'à sa prière et à son exemple, en suivant simplement les chemins de la foi, nous puissions te contempler dans le royaume des Cieux. Par Jésus… **— *Amen.***

Prière sur les offrandes

Nous proclamons tes merveilles, accomplies en la bienheureuse vierge, sainte Bernadette, Seigneur, Dieu de majesté, et nous te supplions humblement : toi qui appréciais les mérites de sa vie, accepte l'hommage de notre service. Par le Christ, notre Seigneur. **— *Amen.***

Antienne de la communion

J'ai demandé une chose au Seigneur,
la seule que je cherche :
habiter la maison du Seigneur
tous les jours de ma vie. (cf. Ps 26, 4)

Prière après la communion

En participant au don que tu nous as fait, Seigneur notre Dieu, nous avons renouvelé nos forces, et nous te supplions encore : qu'à l'exemple de sainte Bernadette, portant dans notre corps la mort de Jésus, nous cherchions à nous attacher à toi seul. Par le Christ, notre Seigneur. **— *Amen.***

DIMANCHE 19 FÉVRIER 2023

7E DIMANCHE DU TEMPS ORDINAIRE

ANNÉE A – COULEUR LITURGIQUE : VERT

« Aimez vos ennemis et priez pour ceux qui vous persécutent. » Dans l'évangile de ce dimanche, le Christ continue à révéler les enjeux de la loi nouvelle. Il ne s'agit pas seulement, nous dit-il, d'aimer nos amis, mais d'aimer aussi nos ennemis. Exigeant, ce chemin d'un amour inconditionnel dépasse nos maigres forces. Pourtant c'est un chemin vers la liberté. Et nous n'y marchons pas seuls : Jésus est avec nous.

RITES INITIAUX

Chant d'entrée *(Suggestions p. 241)*

OU

Antienne d'ouverture

Seigneur, j'ai mis mon espoir en ta miséricorde ;
mon cœur a exulté dans ton salut !
Je chanterai le Seigneur pour le bien qu'il m'a fait. (cf. Ps 12, 6)

Suggestion de préparation pénitentielle *(ou p. 211)*

Frères et sœurs, alors que nous sommes appelés à aimer jusqu'à nos ennemis, préparons-nous à célébrer le mystère de l'eucharistie, en reconnaissant que nous avons péché.

Seigneur Jésus, Dieu de tendresse et de pitié, tu es tendresse et pitié, lent à la colère et plein d'amour. Seigneur, prends pitié.

— Seigneur, prends pitié.

Ô Christ, modèle de pardon envers tes ennemis, tu ne nous rends pas selon nos offenses. Ô Christ, prends pitié.

— Ô Christ, prends pitié.

Seigneur, toi qui nous as aimés jusqu'à donner ta vie pour nous, tu mets loin de nous nos péchés. Seigneur, prends pitié.

— Seigneur, prends pitié.

Que Dieu tout-puissant nous fasse miséricorde ; qu'il nous pardonne nos péchés et nous conduise à la vie éternelle. ***— Amen.***

Gloire à Dieu *(p. 213)*

Prière

Dieu tout-puissant, nous t'en prions : accorde-nous de conformer à ta volonté nos paroles et nos actes dans une inlassable recherche des biens spirituels. Par Jésus… ***— Amen.***

LITURGIE DE LA PAROLE

Lecture du livre des Lévites (19, 1-2. 17-18)

« Tu aimeras ton prochain comme toi-même »

Le Seigneur parla à Moïse et dit : « Parle à toute l'assemblée des fils d'Israël. Tu leur diras : Soyez saints, car moi, le Seigneur votre Dieu, je suis saint.

« Tu ne haïras pas ton frère dans ton cœur. Mais tu devras réprimander ton compatriote, et tu ne toléreras pas la faute qui est en lui. Tu ne te vengeras pas. Tu ne garderas pas de rancune contre les fils de ton peuple. Tu aimeras ton prochain comme toi-même. Je suis le Seigneur. »

– Parole du Seigneur.

Psaume 102 (103)

℟ *Le Seigneur est tendresse et pitié.*

T. : AELF; M. : G. Previdi; Éd. : ADF.

Bénis le Seigneur, ô mon âme,
bénis son nom très saint, tout mon être !
Bénis le Seigneur, ô mon âme,
n'oublie aucun de ses bienfaits ! ℟

Car il pardonne toutes tes offenses
et te guérit de toute maladie ;
il réclame ta vie à la tombe
et te couronne d'amour et de tendresse. ℟

Le Seigneur est tendresse et pitié,
lent à la colère et plein d'amour ;
il n'agit pas envers nous selon nos fautes,
ne nous rend pas selon nos offenses. ℟

℟ *Le Seigneur est tendresse et pitié.*

Aussi loin qu'est l'orient de l'occident,
il met loin de nous nos péchés ;
comme la tendresse du père pour ses fils,
la tendresse du Seigneur pour qui le craint ! ℟

Lecture de la première lettre de saint Paul apôtre aux Corinthiens (3, 16-23)

« Tout est à vous, mais vous,
vous êtes au Christ, et le Christ est à Dieu »

Frères, ne savez-vous pas que vous êtes un sanctuaire de Dieu, et que l'Esprit de Dieu habite en vous ? Si quelqu'un détruit le sanctuaire de Dieu, cet homme, Dieu le détruira, car le sanctuaire de Dieu est saint, et ce sanctuaire, c'est vous.
Que personne ne s'y trompe : si quelqu'un parmi vous pense être un sage à la manière d'ici-bas, qu'il devienne fou pour devenir sage. Car la sagesse de ce monde est folie devant Dieu. Il est écrit en effet : *C'est lui qui prend les sages au piège de leur propre habileté.* Il est écrit encore : *Le Seigneur le sait : les raisonnements des sages n'ont aucune valeur !* Ainsi, il ne faut pas mettre sa fierté en tel ou tel homme. Car tout vous appartient, que ce soit Paul, Apollos, Pierre, le monde, la vie, la mort, le présent, l'avenir : tout est à vous, mais vous, vous êtes au Christ, et le Christ est à Dieu.
– Parole du Seigneur.

Acclamation de l'Évangile

Alléluia. Alléluia. En celui qui garde la parole du Christ l'amour de Dieu atteint vraiment sa perfection. ***Alléluia.***

P 20-22 Artemas; T. et M. : Communauté du Chemin neuf.

Évangile de Jésus Christ selon saint Matthieu (5, 38-48)

« Aimez vos ennemis »

En ce temps-là, Jésus disait à ses disciples : « Vous avez appris qu'il a été dit : *Œil pour œil, et dent pour dent.* Eh bien ! moi, je vous dis de ne pas riposter au méchant ; mais si quelqu'un te gifle sur la joue droite, tends-lui encore l'autre. Et si quelqu'un veut te

poursuivre en justice et prendre ta tunique, laisse-lui encore ton manteau. Et si quelqu'un te réquisitionne pour faire mille pas, fais-en deux mille avec lui. À qui te demande, donne ; à qui veut t'emprunter, ne tourne pas le dos !
« Vous avez appris qu'il a été dit : *Tu aimeras ton prochain* et tu haïras ton ennemi. Eh bien ! moi, je vous dis : Aimez vos ennemis, et priez pour ceux qui vous persécutent, afin d'être vraiment les fils de votre Père qui est aux cieux ; car il fait lever son soleil sur les méchants et sur les bons, il fait tomber la pluie sur les justes et sur les injustes. En effet, si vous aimez ceux qui vous aiment, quelle récompense méritez-vous ? Les publicains eux-mêmes n'en font-ils pas autant ? Et si vous ne saluez que vos frères, que faites-vous d'extraordinaire ? Les païens eux-mêmes n'en font-ils pas autant ? Vous donc, vous serez parfaits comme votre Père céleste est parfait. »

Homélie

Profession de foi *(p. 214)*

Suggestion de prière universelle

Le prêtre :

Avec confiance, prions le Père de tendresse. Avec Marie, prions-le pour l'Église et pour le monde.

℟ ***Dieu de tendresse, souviens-toi de nous.***

Y 55 SM.

Le diacre ou un lecteur :

« Aimez vos ennemis. » Prions le Seigneur pour celles et ceux qui ne parviennent pas à pardonner à leurs ennemis, tant la blessure est vive et douloureuse : viol, abus, tromperie, mépris. Avec foi, prions le Seigneur. ℟

« À qui te demande, donne. » Prions pour toutes les paroisses du monde, appelées à être des communautés de foi, de fraternité et d'accueil envers les plus démunis. Avec toute l'Église, prions le Seigneur. ℟

« Le Seigneur fait tomber la pluie sur les justes et les injustes. » Prions pour les juges, les avocats, tous les professionnels de la justice, confrontés à des situations souvent complexes. Avec confiance, prions le Seigneur. ℟

« Vous donc, vous serez parfaits. » Prions pour notre communauté paroissiale rassemblée en ce jour, invitée à être accueillante, patiente, bienveillante et à l'écoute. Avec assurance, prions le Seigneur. ℟

(Ces intentions seront adaptées ou modifiées selon les circonstances.)

Le prêtre :

Dieu notre Père, plein de tendresse pour tous les habitants de la terre et modèle de pardon, daigne exaucer toutes nos prières, par Jésus le Christ, notre Seigneur. ***– Amen.***

LITURGIE EUCHARISTIQUE

Prière sur les offrandes

En célébrant tes mystères, Seigneur, pour te servir comme il convient, nous te supplions humblement : que les dons offerts pour honorer ta gloire nous fassent progresser vers le salut. Par le Christ, notre Seigneur. ***– Amen.***

Prière eucharistique *(Préface des dimanches, p. 219)*

Chant de communion *(Suggestions p. 241)*

OU

Antienne de la communion

De tout mon cœur, Seigneur, je rendrai grâce,
je dirai tes innombrables merveilles ;
pour toi, j'exulterai, je danserai, je fêterai ton nom,
Dieu Très-Haut.
(Ps 9, 2-3)
OU
Seigneur, je le crois :
tu es le Christ, le Fils du Dieu vivant,
celui qui vient dans le monde.
(Jn 11, 27)

Prière après la communion

Nous t'en prions, Dieu tout-puissant : donne-nous de recueillir tous les fruits de salut dont ces mystères sont déjà la promesse et le gage. Par le Christ, notre Seigneur. — ***Amen.***

RITE DE CONCLUSION

Bénédiction

Envoi

COMMENTAIRE DU DIMANCHE

Marie-Dominique Trébuchet, directrice de l'IER
(Institut catholique de Paris)

Une foi qui engage

Sainteté et perfection. Écoutons comment Dieu nous en parle aujourd'hui au travers des textes proposés par la liturgie. Relevons, en premier lieu, le dialogue interne des textes eux-mêmes : si la sainteté a quelque chose à voir avec la conduite que nous adoptons, elle se comprend d'abord et essentiellement en rapport avec Jésus Christ, le saint de Dieu. Nous sommes « tous appelés à la sainteté », rappelait le Concile. Les textes que nous lisons ce jour nous aident à comprendre qu'il s'agit moins d'une injonction morale (être parfait) que d'un appel à la foi (être au Christ), une foi qui change la vie et nous transforme intérieurement au point de nous convertir à la justice, au pardon et à l'amour. Autrement dit, la confession de foi de la sainteté de Dieu nous engage vis-à-vis de Dieu, du prochain et de nous-mêmes. Les mots de la foi ne sont pas de simples mots, ils sont toujours déjà des pratiques, des mises en œuvre de ce qu'ils contiennent. Le contenu de la foi en un Dieu saint n'est pas autre chose que sa traduction concrète dans la justice, le pardon et l'amour. Pourquoi en sommes-nous si sûrs ? Parce que, dit l'Évangile, nous sommes au Christ (et le Christ a réalisé pleinement tout cela) et Christ est à Dieu, le Saint. L'extraordinaire repose en Dieu dont nous tenons le sens de la justice, du pardon et de l'amour parce qu'il les amène à leur plénitude en son Fils et que nous en vivons déjà aujourd'hui, au milieu de nos limites.

Comment est-ce que j'entends, dans ma vie, l'appel à la foi porté par les textes du jour ?

Quelle conversion suis-je prêt à vivre pour la justice, le pardon et l'amour ? ■

Prions en Église junior

LIRE L'ÉVANGILE AVEC LES ENFANTS

CE QUE JE DÉCOUVRE

À l'époque de Jésus, la règle est de rendre l'équivalent du mal que l'on a reçu :
« Œil pour œil, dent pour dent. »
Jésus propose à ses disciples une autre réponse :
aimer l'autre au lieu de le détester.
Il nous arrive à tous de vouloir nous venger. Par exemple, si on te bouscule dans la cour, tu es tenté de riposter. Mais **Jésus nous invite plutôt à mettre l'amour en premier, à la manière de Dieu.**

CE QUE JE VIS

As-tu déjà senti monter en toi un sentiment de vengeance ?
La proposition de Jésus te paraît-elle réalisable ?
Dessine un arbre et écris dessus les prénoms de ceux que tu aimes moins. Dans la prière, demande à Jésus d'habiter ton cœur.

Texte : Pierre-Marie Leroy. Illustrations : Marcelino Truong

MÉDITATION BIBLIQUE

7E DIMANCHE DU TEMPS ORDINAIRE

Livre des Lévites (19, 1-2. 17-18)

Vous serez saints

Si l'appel à la sainteté est un puissant stimulant pour certains, il rebute les autres tant cette réalité a parfois été associée à des images d'Épinal ou à une mièvrerie affligeante. D'où l'importance de creuser le sens de ce mot, tout particulièrement à partir de l'Ancien Testament.

Le temps de la préparation

« Le Seigneur est tendresse et pitié. » (Ps 102, 8)

Le temps de l'observation

Il est rare que la liturgie propose un texte extrait du Lévitique, et encore plus rares sont les chrétiens qui se sont aventurés à en faire une lecture personnelle suivie. Peut-être est-il important de se souvenir du nom hébreu de ce livre biblique : « Il appela. » Le lire comme un appel de Dieu, qui a fait alliance, situe dans une autre perspective les prescriptions qu'il contient. Il s'agit d'une parole qui s'adresse au peuple et à chacun de ses membres, d'une relation et non d'abord d'un code de conduite. Ainsi les versets qui nous occupent donnent-ils un fondement à l'injonction à la sainteté. Nous ...

... sommes dans une logique d'ajustement au Dieu saint, de transformation qui nous permettra d'entrer dans une relation toujours plus profonde avec lui et toujours plus juste avec nos semblables. Mais qu'est-ce qu'être saint ? La racine hébraïque connote la différence, l'altérité de Dieu. Devenir un peuple différent, c'est devenir un peuple qui respecte l'altérité d'autrui et fait signe vers un autre type de relations que celles qui nous sont spontanées.

Le temps de la méditation

Aimer son prochain comme soi-même devient la pierre de touche de cette différence. Un amour qui n'a rien de sentimental ni de fusionnel, mais qui ne relève pas non plus du déni de la réalité. Oui, il arrive que le prochain m'offense, me fasse tort, n'honore pas, par son comportement, l'image de Dieu qui nous habite. Et une parole doit être dite, loin de toute démission ou d'un laisser-faire qui n'a rien à voir avec l'amour. Se libérer de la rancune ou de la haine, tel est le chemin ouvert, car l'une et l'autre enchaînent, plombent notre énergie et font écran dans notre relation à Dieu. Une libération qui s'apparente aussi à un sain amour de soi-même et à cette équité qui consiste à ne pas identifier les autres à leur face sombre. Toutes choses qui supposent la prière, la découverte de la joie que donne la relation au Seigneur, mais aussi un travail intérieur sur l'amour porté à nous-mêmes et à autrui.

Le temps de la prière

« Bénis le Seigneur,
ô mon âme ! » (Ps 102, 1) ■

Emmanuelle Billoteau,
ermite

LA SAINTE DU MOIS

23 FÉVRIER : BIENHEUREUSE RAPHAËLLE YBARRA (1843-1900)

Un cœur maternel

© Gaëtan Évrard

L'histoire de la bienheureuse Raphaëlle Ybarra de Villalonga (béatifiée en 1984) est celle d'un cœur qui, nourri par la foi, n'a cessé de grandir au fil des années.

Fille d'un couple aisé et croyant de Bilbao (Pays basque espagnol), la jeune Raphaëlle tint d'abord à former un foyer chrétien : à 18 ans, en 1861, elle épousa un riche industriel, José de Villalonga, dont elle eut sept enfants. Le travail et les épreuves ne lui manquèrent pas. Mais, lorsque l'une de ses sœurs décéda brutalement, Raphaëlle n'hésita pas : elle adopta les cinq enfants de la défunte ! Dès lors, elle leur porta le même amour et la même attention qu'à ses enfants biologiques. En 1878, sur le conseil de son•••

••• directeur spirituel, elle se mit à lire l'*Introduction à la vie dévote* de saint François de Sales. Ce fut une illumination ! Cet ouvrage incita Raphaëlle à dilater son cœur au-delà de sa propre famille. Bilbao connaissait alors une industrialisation galopante qui provoquait l'afflux de migrants venus des campagnes afin de trouver du travail. Raphaëlle Ybarra, qui avait entrepris de visiter les pauvres et les malades, constata avec effroi que, dans la ville, de nombreuses jeunes femmes se retrouvaient totalement livrées à elles-mêmes. Pour leur éviter de tomber dans la misère matérielle et morale, elle finança l'ouverture de centres d'accueil qui leur étaient dédiés. Mais cette femme pieuse, généreuse et lucide comprit rapidement qu'il lui fallait aller plus loin et œuvrer à la protection, à la promotion et à la formation chrétienne des jeunes filles. De ce constat naquit, en 1894, l'institut enseignant des Sœurs des Saints Anges gardiens. Un premier collège ouvrit à Bilbao en 1899, un an avant que Raphaëlle Ybarra ne soit rappelée à Dieu. Depuis, son institut s'est développé, en Espagne et jusqu'en Amérique latine. Le cœur de celle qui était surnommée « la Mère » a fini par s'élargir au monde entier ! ■

Xavier Lecœur, journaliste et historien

UNE SAINTE POUR AUJOURD'HUI

« Ne te lasse jamais de faire le bien » : telle était l'une des recommandations préférées de la bienheureuse Raphaëlle Ybarra. Une recommandation, empruntée à saint Paul (Ga 6, 9), qu'elle appliqua elle-même avec constance et qu'elle nous transmet, par-delà les décennies.

LUNDI 20 FÉVRIER 2023

7E SEMAINE DU TEMPS ORDINAIRE COULEUR LITURGIQUE : VERT

Temps ordinaire, *suggestion d'oraisons et d'antiennes n° 25*

Antienne d'ouverture

Je suis le salut de mon peuple,
dit le Seigneur, dans toutes les épreuves,
s'il crie vers moi, je l'exaucerai ;
je serai son Seigneur pour toujours.

Prière

Seigneur Dieu, tu as voulu que toute la loi de sainteté consiste à t'aimer et à aimer son prochain : donne-nous de garder tes commandements, et de parvenir ainsi à la vie éternelle. Par Jésus… ***— Amen.***

Lecture

du livre de Ben Sira le Sage (1, 1-10)

« Avant toute chose fut créée la sagesse »

Toute sagesse vient du Seigneur, et demeure auprès de lui pour toujours. Le sable des mers, les gouttes de la pluie, et les jours de l'éternité, qui pourra en faire le compte ? La hauteur du ciel, l'étendue de la terre, la profondeur de l'abîme, qui pourra les évaluer ? Avant toute chose fut créée la sagesse ; et depuis toujours, la profondeur de l'intelligence. La source de la sagesse, c'est la parole de Dieu au plus haut des cieux. Ses chemins sont les

19 - 25

commandements éternels. La racine de la sagesse, qui en a eu la révélation, et ses subtilités, qui en a eu la connaissance ? La science de la sagesse, à qui fut-elle manifestée, et qui a profité de sa grande expérience ? Il n'y a qu'un seul être sage et très redoutable, celui qui siège sur son trône. C'est le Seigneur, lui qui a créé la sagesse ; il l'a vue et mesurée, il l'a répandue sur toutes ses œuvres, parmi tous les vivants, dans la diversité de ses dons, et ceux qui aiment Dieu en ont été comblés. – Parole du Seigneur.

Psaume 92 (93)

℟ ***Le Seigneur est roi ; il s'est vêtu de magnificence.***

Le Seigneur est roi ;
il s'est vêtu de magnificence,
le Seigneur a revêtu sa force. ℟

Et la terre tient bon, inébranlable ;
dès l'origine ton trône tient bon,
depuis toujours, tu es. ℟

Tes volontés sont vraiment immuables :
la sainteté emplit ta maison,
Seigneur, pour la suite des temps. ℟

Acclamation de l'Évangile

Alléluia. Alléluia. Notre Sauveur, le Christ Jésus, a détruit la mort ; il a fait resplendir la vie par l'Évangile. ***Alléluia.***

Évangile de Jésus Christ

selon saint Marc (9, 14-29)

« Je crois ! Viens au secours de mon manque de foi ! »

En ce temps-là, Jésus, ainsi que Pierre, Jacques et Jean, descendirent de la montagne ; en rejoignant les autres disciples, ils virent une grande foule qui les entourait, et des scribes qui discutaient avec eux. Aussitôt qu'elle vit Jésus, toute la foule fut stupéfaite, et les gens accouraient pour le saluer. Il leur demanda : « De quoi discutez-vous avec eux ? » Quelqu'un dans la foule lui répondit : « Maître, je t'ai amené mon fils, il est possédé par un esprit qui le rend muet ; cet esprit s'empare de lui n'importe où, il le jette par terre, l'enfant écume, grince des dents et devient tout raide. J'ai demandé à tes disciples d'expulser cet esprit, mais ils n'en ont pas été capables. » Prenant la parole, Jésus leur dit : « Génération incroyante, combien de temps resterai-je auprès de vous ? Combien de temps devrai-je vous supporter ? Amenez-le-moi. » On le lui amena. Dès qu'il vit Jésus, l'esprit fit entrer l'enfant en convulsions ; l'enfant tomba et se roulait par terre en écumant. Jésus interrogea le père : « Depuis combien de temps cela lui arrive-t-il ? » Il répondit : « Depuis sa petite enfance. Et souvent il l'a même jeté dans le feu ou dans l'eau pour le faire périr. Mais si tu peux quelque chose, viens à notre secours, par compassion envers nous ! » Jésus lui déclara : « Pourquoi dire : "Si tu peux"… ? Tout est possible pour celui qui croit. » Aussitôt le père de l'enfant s'écria : « Je crois ! Viens au secours de mon manque de foi ! » Jésus vit que la foule s'attroupait ; il menaça l'esprit impur, en lui disant : « Esprit qui rends muet et sourd, je te l'ordonne, sors de cet enfant et n'y rentre plus jamais ! » Ayant poussé des cris et provoqué des convulsions, l'esprit sortit. L'enfant devint comme un cadavre, de sorte que tout le monde disait : « Il est mort. » Mais Jésus, lui saisissant la main, le releva, et il se mit debout. Quand Jésus fut rentré à la maison, ses disciples l'interrogèrent en particulier : « Pourquoi est-ce que nous, nous n'avons pas réussi à l'expulser ? » Jésus leur répondit : « Cette espèce-là, rien ne peut la faire sortir, sauf la prière. »

Prière sur les offrandes

Reçois favorablement, nous t'en prions, Seigneur, les dons présentés par ton peuple : que tous obtiennent par tes sacrements ce qu'ils proclament dans la ferveur de la foi. Par le Christ, notre Seigneur. — ***Amen.***

Antienne de la communion

Toi, tu promulgues des préceptes
à observer entièrement.
Puissent mes voies s'affermir
à observer tes commandements !
(Ps 118, 4-5)

OU

Je suis le bon pasteur,
dit le Seigneur,
je connais mes brebis,
et mes brebis me connaissent.
(Jn 10, 14)

Prière après la communion
Dans ta bonté, Seigneur, fais que ton aide soutienne toujours ceux que tu as nourris de tes sacrements, afin qu'ils puissent, dans ces mystères et par toute leur vie, recueillir les fruits de la rédemption. Par le Christ, notre Seigneur. **— *Amen.***

INVITATION

C'est la Journée mondiale de la justice sociale. Je pourrais décider de (re)lire chaque jour un passage d'*Evangelii gaudium* qui, selon le pape, « comporte de substantiels développements sur des questions sociales ».

COMMENTAIRE

Le cri du cœur

Marc 9, 14-29

Les disciples expérimentent leur incapacité à délivrer un enfant du démon cherchant à le détruire. Le Maître n'obtempère pas à la demande angoissée du père sans avoir engagé avec lui un dialogue de salut, suscitant ce cri de confiance : « Je crois ! Viens au secours de mon manque de foi ! » La prière d'exorcisme de Jésus résonne en écho à l'ardente prière du père. Le Verbe nous choisit comme interlocuteurs avec un infini respect pour notre parole. ■

***Bénédicte de la Croix**, cistercienne*

MARDI 21 FÉVRIER 2023

7E SEMAINE DU TEMPS ORDINAIRE COULEUR LITURGIQUE : VERT

Temps ordinaire, *suggestion d'oraisons et d'antiennes n° 26*
ou **saint Pierre Damien**

Antienne d'ouverture

Tout ce que tu nous as infligé, Seigneur, tu l'as fait par un jugement de vérité, car nous avons péché contre toi, nous n'avons pas obéi à tes commandements ; mais glorifie ton nom, et agis envers nous selon l'abondance de ta miséricorde. (cf. Dn 3, 31. 29. 30. 43. 42)

Prière

Seigneur Dieu, quand tu pardonnes et prends pitié, tu manifestes au plus haut point ta toute-puissance ; multiplie pour nous les dons de ta grâce : alors, en nous hâtant vers les biens que tu promets, nous aurons part au bonheur du ciel. Par Jésus… ***— Amen.***

Lecture

du livre de Ben Sira le Sage (2, 1-11)

« Prépare-toi à subir l'épreuve »

Mon fils, si tu viens te mettre au service du Seigneur, prépare-toi à subir l'épreuve ; fais-toi un cœur droit, et tiens bon ; ne t'agite pas à l'heure de l'adversité. Attache-toi au Seigneur, ne l'abandonne pas, afin d'être comblé dans tes derniers jours. Toutes les adversités, accepte-les ; dans les revers de ta pauvre vie, sois patient ; car l'or est vérifié par le feu,

et les hommes agréables à Dieu, par le creuset de l'humiliation. Dans les maladies comme dans le dénuement, aie foi en lui. Mets ta confiance en lui, et il te viendra en aide ; rends tes chemins droits, et mets en lui ton espérance. Vous qui craignez le Seigneur, comptez sur sa miséricorde, ne vous écartez pas du chemin, de peur de tomber. Vous qui craignez le Seigneur, ayez confiance en lui, et votre récompense ne saurait vous échapper. Vous qui craignez le Seigneur, espérez le bonheur, la joie éternelle et la miséricorde : ce qu'il donne en retour est un don éternel, pour la joie. Considérez les générations passées et voyez : Celui qui a mis sa confiance dans le Seigneur, a-t-il été déçu ? Celui qui a persévéré dans la crainte du Seigneur, a-t-il été abandonné ? Celui qui l'a invoqué, a-t-il été méprisé ? Car le Seigneur est tendre et miséricordieux, il pardonne les péchés, et il sauve au moment de la détresse.

– Parole du Seigneur.

Psaume 36 (37)

℟ ***Dirige ton chemin vers le Seigneur, fais-lui confiance, et lui, il agira.***

Fais confiance au Seigneur, agis bien,
habite la terre et reste fidèle ;
mets ta joie dans le Seigneur :
il comblera les désirs de ton cœur. ℟

Il connaît les jours de l'homme intègre
qui recevra un héritage impérissable.
Pas de honte pour lui aux mauvais jours ;
aux temps de famine, il sera rassasié. ℟

Évite le mal, fais ce qui est bien,
et tu auras une habitation pour toujours,
car le Seigneur aime le bon droit,
il n'abandonne pas ses amis. ℟

Le Seigneur est le salut pour les justes,
leur abri au temps de la détresse.

Le Seigneur les aide et les délivre,
car ils cherchent en lui leur refuge. ℟

Acclamation de l'Évangile

Alléluia. Alléluia. Que la croix du Seigneur soit ma seule fierté ! Par elle, le monde est crucifié pour moi, et moi pour le monde. ***Alléluia.***

Évangile de Jésus Christ

selon saint Marc (9, 30-37)

« Le Fils de l'homme est livré.
Si quelqu'un veut être le premier, qu'il soit le dernier de tous »

En ce temps-là, Jésus traversait la Galilée avec ses disciples, et il ne voulait pas qu'on le sache, car il enseignait ses disciples en leur disant : « Le Fils de l'homme est livré* aux mains des hommes ; ils le tueront et, trois jours après sa mort, il ressuscitera. » Mais les disciples ne comprenaient pas ces paroles et ils avaient peur de l'interroger.
Ils arrivèrent à Capharnaüm, et, une fois à la maison, Jésus leur demanda : « De quoi discutiez-vous en chemin ? » Ils se taisaient, car, en chemin, ils avaient discuté entre eux pour savoir qui était le plus grand. S'étant assis, Jésus appela les Douze et leur dit : « Si quelqu'un veut être le premier, qu'il soit le dernier de tous et le serviteur de tous. » Prenant alors un enfant, il le plaça au milieu d'eux, l'embrassa, et leur dit : « Quiconque accueille en mon nom un enfant comme celui-ci, c'est moi qu'il accueille. Et celui qui m'accueille, ce n'est pas moi qu'il accueille, mais Celui qui m'a envoyé. »

Prière sur les offrandes

Dieu de miséricorde, nous t'en prions, accueille cette offrande que nous te présentons : qu'elle ouvre largement pour nous la source de toute bénédiction. Par le Christ, notre Seigneur. — ***Amen.***

Antienne de la communion

Rappelle-toi ta parole à ton serviteur,
Seigneur, celle dont tu fis
mon espoir. Elle est ma consolation
dans mon épreuve.
(Ps 118, 49-50)

OU

Voici comment nous avons reconnu
l'amour : lui, Jésus, a donné sa vie
pour nous. Nous aussi, nous devons
donner notre vie pour nos frères.
(1 Jn 3, 16)

Prière après la communion

Que le sacrement du ciel, Seigneur, guérisse nos esprits et nos corps, afin qu'annonçant la mort du Christ et participant à ses souffrances, nous héritions avec lui de sa gloire. Lui qui…
— ***Amen.***

INVITATION

Mardi gras, jour de crêpes ! Et si j'en préparais ?
Je pourrais en offrir à des voisins qui ne croient pas et évoquer avec eux le rite des Cendres et mon entrée imminente en Carême.

COMMENTAIRE

Le petit dernier

Marc 9, 30-37

Accueillir l'autre, ici un enfant, c'est accueillir Jésus et accueillir Jésus, c'est accueillir Dieu, son Père. Un effet domino simple à comprendre, redoutable à mettre en œuvre ! Le Très-Haut se penche sur les petits, les sans-voix, les exclus. Il nous convie à le rencontrer là où il établit sa demeure. Une posture qui signe l'échec de la logique mondaine. « Si quelqu'un veut être le premier, qu'il soit le dernier de tous et le serviteur de tous. » ■

Bénédicte de la Croix, cistercienne

✲ CLÉ DE LECTURE

« Est livré »

Marc 9, 31 *(p. 156)*

Dans cette deuxième annonce de sa Passion (après Mc 8, 31), la phrase de Jésus est souvent lue comme toute tournée vers l'avenir proche de son arrestation et de sa mort à Jérusalem. Pourtant, le premier verbe est au présent, ce qui souligne la durée d'une action. Jésus ne dit pas, comme dans le chapitre suivant (Mc 10, 33), qu'il sera livré, mais qu'il l'est déjà. On serait tenté d'ajouter : depuis le premier jour et jusqu'au bout, Jésus est livré et s'est livré aux mains des êtres humains qui l'entourent (c'est la réalité mise sous le vocable d'« incarnation »). Il a tout donné de lui-même à cette humanité dont il fait partie et dont il accepte de tout accueillir, les joies, les peines et le pire, la cruauté et le péché, pour la porter avec lui devant l'amour infini de Dieu. ■

Roselyne Dupont-Roc, bibliste

MERCREDI 22 FÉVRIER 2023

MERCREDI DES CENDRES

ANNÉE A - COULEUR LITURGIQUE : VIOLET

« Prie ton Père qui est présent dans le secret. »

Matthieu 6, 6

« Revenez au Seigneur votre Dieu, car il est tendre et miséricordieux. » Ce mercredi des Cendres marque un nouveau Carême, un nouveau départ. C'est le moment de retisser nos liens avec le Seigneur, d'accueillir sa paix et son pardon. C'est le moment aussi de retisser nos liens abîmés avec nos frères et sœurs, de cheminer sur les voies du pardon et de la réconciliation. Oui, revenons au Seigneur. Redoublons de prière et de charité.

RITES INITIAUX

Chant d'entrée *(Suggestions p. 241)*

OU

Antienne d'ouverture

Seigneur, tu as pitié de tous les hommes, et tu n'as de répulsion envers aucune de tes œuvres ; tu fermes les yeux sur leurs péchés : pour qu'ils se convertissent, et tu leur pardonnes,
car tu es le Seigneur notre Dieu. (cf. Sg 11, 23. 24. 26)

À la messe où l'on impose les cendres, on omet la préparation pénitentielle.

Prière

Accorde-nous, Seigneur, de savoir commencer saintement par le jeûne l'entraînement au combat spirituel : que nos privations nous rendent plus forts pour lutter contre l'esprit du mal. Par Jésus…

— Amen.

LITURGIE DE LA PAROLE

Lecture du livre du prophète Joël (2, 12-18)

« Déchirez vos cœurs et non pas vos vêtements »

Maintenant – oracle du Seigneur – revenez à moi de tout votre cœur, dans le jeûne, les larmes et le deuil ! Déchirez vos cœurs et non pas vos vêtements, et revenez au Seigneur votre Dieu,

car il est tendre et miséricordieux, lent à la colère et plein d'amour, renonçant au châtiment. Qui sait ? Il pourrait revenir, il pourrait renoncer au châtiment, et laisser derrière lui sa bénédiction : alors, vous pourrez présenter offrandes et libations au Seigneur votre Dieu. Sonnez du cor dans Sion : prescrivez un jeûne sacré, annoncez une fête solennelle, réunissez le peuple, tenez une assemblée sainte, rassemblez les anciens, réunissez petits enfants et nourrissons ! Que le jeune époux sorte de sa maison, que la jeune mariée quitte sa chambre ! Entre le portail et l'autel, les prêtres, serviteurs du Seigneur, iront pleurer et diront : « Pitié, Seigneur, pour ton peuple, n'expose pas ceux qui t'appartiennent à l'insulte et aux moqueries des païens ! Faudra-t-il qu'on dise : "Où donc est leur Dieu ?" »
Et le Seigneur s'est ému en faveur de son pays, il a eu pitié de son peuple.
– Parole du Seigneur.

Psaume 50 (51)

℟ ***Pitié, Seigneur, car nous avons péché !***

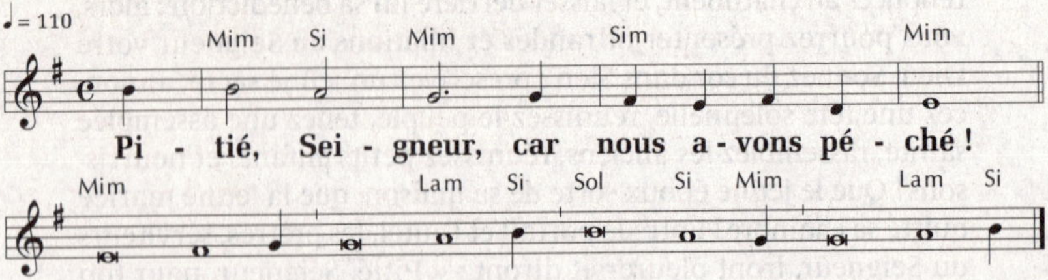

T. : AELF ; M. : B. Delattre ; Éd. : ADF.

Pitié pour moi, mon Dieu, dans ton amour,
selon ta grande miséricorde, efface mon péché.
Lave-moi tout entier de ma faute,
purifie-moi de mon offense. ℟

Oui, je connais mon péché,
ma faute est toujours devant moi.
Contre toi, et toi seul, j'ai péché,
ce qui est mal à tes yeux, je l'ai fait. ℟

Crée en moi un cœur pur, ô mon Dieu,
renouvelle et raffermis au fond de moi mon esprit.
Ne me chasse pas loin de ta face,
ne me reprends pas ton esprit saint. ℟

Rends-moi la joie d'être sauvé ;
que l'esprit généreux me soutienne.
Seigneur, ouvre mes lèvres,
et ma bouche annoncera ta louange. ℟

Lecture de la deuxième lettre de saint Paul apôtre aux Corinthiens (5, 20 – 6, 2)

« Laissez-vous réconcilier avec Dieu.
Voici maintenant le moment favorable »

Frères, nous sommes les ambassadeurs du Christ, et par nous c'est Dieu lui-même qui lance un appel : nous le demandons au nom du Christ, laissez-vous réconcilier avec Dieu. Celui qui n'a pas connu le péché, Dieu l'a pour nous identifié au péché*, afin qu'en lui nous devenions justes de la justice même de Dieu. En tant que coopérateurs de Dieu, nous vous exhortons encore à ne pas laisser sans effet la grâce reçue de lui. Car il dit dans l'Écriture : *Au moment favorable je t'ai exaucé, au jour du salut je t'ai secouru.* Le voici maintenant le moment favorable, le voici maintenant le jour du salut.

– Parole du Seigneur.

Acclamation de l'Évangile

Ta Parole, Seigneur, est vérité, et ta loi, délivrance. Aujourd'hui, ne fermez pas votre cœur, mais écoutez la voix du Seigneur. ***Ta Parole, Seigneur, est vérité, et ta loi, délivrance.***

T. : AELF ; M. : P. Robert.

Évangile de Jésus Christ selon saint Matthieu (6, 1-6. 16-18)

« Ton Père qui voit dans le secret te le rendra »

En ce temps-là, Jésus disait à ses disciples : « Ce que vous faites pour devenir des justes, évitez de l'accomplir devant les hommes pour vous faire remarquer. Sinon, il n'y a pas de récompense pour vous auprès de votre Père qui est aux cieux.

« Ainsi, quand tu fais l'aumône, ne fais pas sonner la trompette devant toi, comme les hypocrites qui se donnent en spectacle dans les synagogues et dans les rues, pour obtenir la gloire qui vient des hommes. Amen, je vous le déclare : ceux-là ont reçu leur récompense. Mais toi, quand tu fais l'aumône, que ta main gauche

ignore ce que fait ta main droite, afin que ton aumône reste dans le secret ; ton Père qui voit dans le secret te le rendra.
« Et quand vous priez, ne soyez pas comme les hypocrites : ils aiment à se tenir debout dans les synagogues et aux carrefours pour bien se montrer aux hommes quand ils prient. Amen, je vous le déclare : ceux-là ont reçu leur récompense. Mais toi, quand tu pries, retire-toi dans ta pièce la plus retirée, ferme la porte, et prie ton Père qui est présent dans le secret ; ton Père qui voit dans le secret te le rendra.
« Et quand vous jeûnez, ne prenez pas un air abattu, comme les hypocrites : ils prennent une mine défaite pour bien montrer aux hommes qu'ils jeûnent. Amen, je vous le déclare : ceux-là ont reçu leur récompense. Mais toi, quand tu jeûnes, parfume-toi la tête et lave-toi le visage ; ainsi, ton jeûne ne sera pas connu des hommes, mais seulement de ton Père qui est présent au plus secret ; ton Père qui voit au plus secret te le rendra. »

Homélie

Imposition des cendres

Après l'homélie, le prêtre, debout et les mains jointes, dit :
Frères et sœurs bien-aimés, supplions humblement Dieu notre Père de bénir, par l'abondance de sa grâce, les cendres dont nos fronts vont être marqués en signe de pénitence.

Après un bref temps de prière en silence, il poursuit, les mains étendues :
Seigneur Dieu, toi qui te laisses fléchir par ceux qui s'humilient et apaiser par ceux qui réparent leurs torts, prête une oreille bienveillante à nos prières ; en ta tendresse, répands sur tes serviteurs qui vont recevoir les cendres la grâce de ta bénédiction ✠ : par leur fidélité à l'observance de ce temps de Carême, qu'ils parviennent avec un esprit purifié à la célébration du mystère pascal de ton Fils. Lui qui vit… **— *Amen.***

OU

Seigneur Dieu, toi qui ne veux pas la mort des pécheurs mais leur conversion, exauce avec bonté notre prière, dans ta tendresse, bénis ✠ les cendres dont nous serons marqués en reconnaissant que nous sommes poussière et cendre et devons retourner en poussière. En nous appliquant à observer le Carême, puissions-nous obtenir le pardon de nos péchés et vivre de la vie nouvelle à l'image de ton Fils ressuscité. Lui qui vit… **— *Amen.***

Le prêtre dépose de la cendre sur le front ou la tête des fidèles,
en disant à chacun :

Convertissez-vous et croyez à l'Évangile.
(Mc 1, 15)

OU

Souviens-toi que tu es poussière,
et que tu retourneras en poussière.
(cf. Gn 3, 19)

Pendant ce temps, on peut chanter le psaume 50 avec le refrain : « Pitié, Seigneur, car nous avons péché ! » (p. 162), ou tout autre chant qui convienne.

LITURGIE EUCHARISTIQUE

Prière sur les offrandes

En t'offrant solennellement ce sacrifice au début du Carême, nous te supplions, Seigneur : fais que, par des actes de pénitence et de charité, nous évitions tout plaisir mauvais, et que, purifiés de nos péchés, nous méritions de célébrer avec ferveur la passion de ton Fils. Lui qui… ***— Amen.***

Prière eucharistique

(3e ou 4e préface du Carême, p. 218)

Chant de communion

(Suggestions p. 241)

OU

Antienne de la communion

Qui murmure la loi du Seigneur jour et nuit
donne du fruit en son temps.
(cf. Ps 1, 2-3)

Prière après la communion

Puisse le sacrement que nous avons reçu, Seigneur, nous procurer ton secours, afin que notre jeûne te soit agréable et contribue à notre guérison. Par le Christ, notre Seigneur. **– *Amen.***

Prière sur le peuple

Le prêtre peut dire la prière suivante :

Dans ta bonté, Dieu souverain, répands sur ceux qui s'inclinent devant toi un esprit de contrition, afin que ta miséricorde leur obtienne la récompense promise à ceux qui font pénitence. Par le Christ, notre Seigneur. **– *Amen.***

RITE DE CONCLUSION

Bénédiction

Envoi

INVITATION

« Seigneur, tu as pitié de tous les hommes », dit l'antienne d'ouverture. En ce mercredi des Cendres, je peux demander que le pardon me soit offert, en suppliant avec le psalmiste : « Crée en moi un cœur pur, ô mon Dieu. »

COMMENTAIRE

Des secrets à discerner Matthieu 6, 1-6. 16-18

Dans un monde d'images et de spectacles, n'oublions pas que Jésus exhorte ses disciples à agir dans « le secret ». Un mot aujourd'hui piégé. Il est des secrets détestables et des silences complices qui ouvrent les portes à toutes formes d'abus. Il existe aussi des secrets respectueux de la relation à Dieu, de son caractère intime. Au seuil de ce Carême, mettons-nous sous le regard du Père qui, seul, nous voit dans la beauté de son geste créateur. ■

***Bénédicte de la Croix**, cistercienne*

✲ CLÉ DE LECTURE

« Identifié au péché » 2 Corinthiens 5, 21 *(p. 163)*

Littéralement « il l'a fait péché » : l'expression trop ramassée et brutale est difficile. Il faut la rapprocher de : « devenu malédiction pour nous » (cf. Ga 3, 13). Dans les deux cas, Paul affronte lucidement le caractère inacceptable de la Croix. Il le précisait : « Scandale pour les Juifs, folie pour les nations païennes » (1 Co 1, 23), pour les uns ; le « pendu au bois » (Ga 3, 13) est maudit de Dieu, pour les autres, la crucifixion concerne une « sous-humanité » de criminels et d'esclaves. Jésus a accepté d'affronter ce regard de condamnation et de mépris, de se laisser identifier aux pécheurs qui renient Dieu, aux brigands qui tuent sans pitié. Pour les rejoindre, eux aussi, et leur faire savoir que Dieu est avec eux jusque dans leur nuit, dont il veut les libérer. ■

***Roselyne Dupont-Roc**, bibliste*

JEUDI 23 FÉVRIER 2023

JEUDI APRÈS LES CENDRES COULEUR LITURGIQUE : VIOLET

Temps du Carême, *messe de la férie*

Antienne d'ouverture

Quand je crie vers Dieu, il entend ma voix,
il me met à l'abri de ceux qui me poursuivent.
Décharge-toi de tes inquiétudes sur le Seigneur :
et lui-même te nourrira.
(cf. Ps 54, 17-20. 23)

Prière

Que ta grâce inspire et précède notre action, nous t'en prions, Seigneur, qu'elle la soutienne et l'accompagne, pour que toutes nos activités prennent leur source en toi et reçoivent de toi leur achèvement. Par Jésus… ***– Amen.***

Lecture

du livre du Deutéronome (30, 15-20)

Vois ! Aujourd'hui je vous propose la bénédiction ou la malédiction

Moïse disait au peuple : « Vois ! Je mets aujourd'hui devant toi ou bien la vie et le bonheur, ou bien la mort et le malheur. Ce que je te commande aujourd'hui, c'est d'aimer le Seigneur ton Dieu, de marcher dans ses chemins, de garder ses commandements, ses décrets et ses ordonnances. Alors, tu vivras et te multiplieras ; le Seigneur ton

Dieu te bénira dans le pays dont tu vas prendre possession. Mais si tu détournes ton cœur, si tu n'obéis pas, si tu te laisses entraîner à te prosterner devant d'autres dieux et à les servir, je vous le déclare aujourd'hui : certainement vous périrez, vous ne vivrez pas de longs jours sur la terre dont vous allez prendre possession quand vous aurez passé le Jourdain. Je prends aujourd'hui à témoin contre vous le ciel et la terre : je mets devant toi la vie ou la mort, la bénédiction ou la malédiction*. Choisis donc la vie, pour que vous viviez, toi et ta descendance, en aimant le Seigneur ton Dieu, en écoutant sa voix, en vous attachant à lui ; c'est là que se trouve ta vie, une longue vie sur la terre que le Seigneur a juré de donner à tes pères, Abraham, Isaac et Jacob. »
– Parole du Seigneur.

Psaume 1

℟ ***Heureux est l'homme qui met sa foi dans le Seigneur.***

Heureux est l'homme
qui n'entre pas au conseil des méchants,
qui ne suit pas le chemin des pécheurs,
ne siège pas avec ceux qui ricanent,
mais se plaît dans la loi du Seigneur
et murmure sa loi jour et nuit ! ℟

Il est comme un arbre
planté près d'un ruisseau,
qui donne du fruit en son temps,
et jamais son feuillage ne meurt ;
tout ce qu'il entreprend réussira.
Tel n'est pas le sort des méchants. ℟

Mais ils sont comme la paille
balayée par le vent.
Le Seigneur connaît le chemin des justes,
mais le chemin des méchants se perdra. ℟

Acclamation de l'Évangile

Tes paroles, Seigneur, sont esprit et elles sont vie. Convertissez-vous, dit le Seigneur, car le royaume des Cieux est tout proche. ***Tes paroles, Seigneur, sont esprit et elles sont vie.***

Évangile de Jésus Christ

selon saint Luc (9, 22-25)

« Celui qui perdra sa vie à cause de moi la sauvera »

En ce temps-là, Jésus disait à ses disciples : « Il faut que le Fils de l'homme souffre beaucoup, qu'il soit rejeté par les anciens, les grands prêtres et les scribes, qu'il soit tué, et que, le troisième jour, il ressuscite. » Il leur disait à tous : « Celui qui veut marcher à ma suite, qu'il renonce à lui-même, qu'il prenne sa croix chaque jour et qu'il me suive. Car celui qui veut sauver sa vie la perdra ; mais celui qui perdra sa vie à cause de moi la sauvera. Quel avantage un homme aura-t-il à gagner le monde entier, s'il se perd ou se ruine lui-même ? »

Prière sur les offrandes

Regarde avec bonté, Seigneur, nous t'en prions, les offrandes que nous déposons sur l'autel qui t'est consacré ; en nous procurant ton pardon, qu'elles servent à la gloire de ton nom. Par le Christ, notre Seigneur. – ***Amen.***

Préface du Carême, p. 217.

Antienne de la communion

Crée en moi un cœur pur,
ô mon Dieu, renouvelle
et raffermis au fond de moi
mon esprit. (Ps 50, 12)

Prière après la communion

Dieu tout-puissant, par ce don venu du ciel, nous avons reçu ta bénédiction ; nous t'en supplions humblement : qu'il ne cesse jamais de nous apporter à la fois ton pardon et notre salut. Par le Christ, notre Seigneur. – ***Amen.***

Prière sur le peuple

Le prêtre peut dire la prière suivante :

Dieu tout-puissant, tu as fait connaître à ton peuple les chemins de la vie éternelle ; nous t'en prions, donne-lui de les suivre pour parvenir jusqu'à toi, lumière sans déclin. Par le Christ, notre Seigneur. – ***Amen.***

INVITATION

À quoi puis-je renoncer, en ce 2e jour de Carême ? Quelles vaines possessions puis-je accepter de perdre pour me recentrer sur l'essentiel ?

COMMENTAIRE

La mort ou la vie ? Deutéronome 30, 15-20

« Choisis donc la vie ! » Laissons retentir cette invitation de Dieu durant notre montée vers Pâques. Une modeste boussole, capable d'orienter nos choix dans la mesure où la vie reste ouverte, généreuse. Nous abordons ce temps liturgique en songeant peut-être à ce dont nous allons nous priver pour nous libérer de nos idoles. Mais nos choix nous rendent-ils davantage vivants, c'est-à-dire plus conformes à Jésus, « l'homme-pour-les-autres » ? ■ ***Bénédicte de la Croix**, cistercienne*

✲ CLÉ DE LECTURE

« La malédiction » Deutéronome 30, 19 *(p. 171)*

Deux voies s'ouvrent, l'une de malédiction et de mort, l'autre de bénédiction et de vie. En cette finale de la Torah (5 livres de la Loi), la bénédiction fait écho à l'ouverture du livre de la Genèse (Gn 1) : Dieu crée les humains, les bénit et voit que cela est très bon. Tel est, de toujours à toujours, son projet pour nous. Mais il en va de notre décision de choisir le bien ou le mal, la vie ou la mort. Dieu respecte notre liberté, mais ne cesse de prodiguer son conseil, et il n'en est qu'un : « Tu choisiras la vie. » Le psaume 1 précise : Dieu ne connaît que ce chemin-là, celui des justes, tandis que le chemin des méchants se perd. La malédiction n'est pas un destin, elle est perte des repères, égarement. L'appel à choisir la vie vient encore y résonner. ■

***Roselyne Dupont-Roc**, bibliste*

VENDREDI 24 FÉVRIER 2023

VENDREDI APRÈS LES CENDRES COULEUR LITURGIQUE : VIOLET

Temps du Carême, *messe de la férie*

Antienne d'ouverture

Le Seigneur m'a entendu, il m'a pris en pitié.
Le Seigneur est venu à mon aide. (cf. Ps 29, 11)

Prière

Que ta bienveillance nous accompagne, Seigneur, durant ce temps de pénitence qui vient de commencer, afin que la discipline imposée à notre corps soit aussi pratiquée d'un cœur sincère. Par Jésus… ***— Amen.***

Lecture

du livre du prophète Isaïe (58, 1-9a)

« Est-ce là le jeûne qui me plaît ? »

Ainsi parle le Seigneur Dieu : Crie à pleine gorge ! Ne te retiens pas ! Que s'élève ta voix comme le cor ! Dénonce à mon peuple sa révolte, à la maison de Jacob ses péchés. Ils viennent me consulter jour après jour, ils veulent connaître mes chemins. Comme une nation qui pratiquerait la justice et n'abandonnerait pas le droit de son Dieu, ils me demandent des ordonnances justes, ils voudraient que Dieu soit proche : « Quand nous jeûnons, pourquoi ne le vois-tu pas ? Quand nous faisons pénitence, pourquoi ne le sais-tu pas ? » Oui, mais le jour où vous jeûnez, vous savez bien

faire vos affaires, et vous traitez durement ceux qui peinent pour vous. Votre jeûne se passe en disputes et querelles, en coups de poing sauvages. Ce n'est pas en jeûnant comme vous le faites aujourd'hui que vous ferez entendre là-haut votre voix. Est-ce là le jeûne qui me plaît, un jour où l'homme se rabaisse ? S'agit-il de courber la tête comme un roseau, de coucher sur le sac et la cendre ? Appelles-tu cela un jeûne, un jour agréable au Seigneur ? Le jeûne qui me plaît, n'est-ce pas ceci : faire tomber les chaînes injustes, délier les attaches du joug, rendre la liberté aux opprimés, briser tous les jougs ? N'est-ce pas partager ton pain avec celui qui a faim, accueillir chez toi les pauvres sans abri, couvrir celui que tu verras sans vêtement, ne pas te dérober à ton semblable ? Alors ta lumière jaillira comme l'aurore, et tes forces reviendront vite. Devant toi marchera ta justice, et la gloire du Seigneur fermera la marche. Alors, si tu appelles, le Seigneur répondra ; si tu cries, il dira : « Me voici.* »
– Parole du Seigneur.

Psaume 50 (51)

℟ *Tu ne repousses pas, ô mon Dieu, un cœur brisé et broyé.*

Pitié pour moi, mon Dieu, dans ton amour,
selon ta grande miséricorde, efface mon péché.
Lave-moi tout entier de ma faute,
purifie-moi de mon offense. ℟

Oui, je connais mon péché,
ma faute est toujours devant moi.
Contre toi, et toi seul, j'ai péché,
ce qui est mal à tes yeux, je l'ai fait. ℟

Si j'offre un sacrifice, tu n'en veux pas,
tu n'acceptes pas d'holocauste.
Le sacrifice qui plaît à Dieu, c'est un esprit brisé ;
tu ne repousses pas, ô mon Dieu, un cœur brisé et broyé. ℟

Acclamation de l'Évangile

Gloire au Christ, Sagesse éternelle du Dieu vivant. Gloire à toi, Seigneur.
Cherchez le bien, non le mal, afin de vivre. Ainsi le Seigneur sera avec vous.
Gloire au Christ, Sagesse éternelle du Dieu vivant. Gloire à toi, Seigneur.

Évangile de Jésus Christ

selon saint Matthieu (9, 14-15)

« Des jours viendront où l'Époux leur sera enlevé ; alors ils jeûneront »

En ce temps-là, les disciples de Jean le Baptiste s'approchèrent de Jésus en disant : « Pourquoi, alors que nous et les pharisiens, nous jeûnons, tes disciples ne jeûnent-ils pas ? » Jésus leur répondit : « Les invités de la noce pourraient-ils donc être en deuil pendant le temps où l'Époux est avec eux ? Mais des jours viendront où l'Époux leur sera enlevé ; alors ils jeûneront. »

19 - 25

Prière sur les offrandes

Nous t'en prions, Seigneur, que le sacrifice, offert en ce temps où nous pratiquons le Carême, nous rende agréables à tes yeux et nous aide à nous montrer plus empressés dans le renoncement. Par le Christ, notre Seigneur. — ***Amen.***

Préface du Carême, p. 217.

Antienne de la communion

Seigneur, enseigne-moi tes chemins,
fais-moi connaître ta route.
(Ps 24, 4)

Prière après la communion

Nous t'en prions, Dieu tout-puissant : par notre participation à ce mystère, nous avons été purifiés de tous nos péchés ; puissions-nous vivre en accord avec la guérison reçue de ta tendresse. Par le Christ, notre Seigneur. – ***Amen.***

Prière sur le peuple

Le prêtre peut dire la prière suivante :

Dieu de miséricorde, que ton peuple ne cesse de rendre grâce pour tes merveilles, et qu'au terme de son pèlerinage sur la terre, fidèle aux observances transmises d'âge en âge, il puisse te contempler sans fin. Par le Christ, notre Seigneur. – ***Amen.***

INVITATION

Comment, pendant le Carême, puis-je m'engager pour la dignité humaine, la solidarité, le bien commun ou la destination universelle des biens ?

COMMENTAIRE

Le jeûne total

Isaïe 58, 1-9a

La voix de Dieu résonne dans la livre d'Isaïe. Le Seigneur prend la peine d'expliquer à son peuple le jeûne qu'il agrée : un jeûne de soi, de ses préoccupations, de ses intérêts pour s'ouvrir aux autres, aux personnes prisonnières, affamées, sans domicile fixe… Les œuvres de charité agissent sur le cœur de Dieu avec la force irrésistible d'une convocation. Dans un renversement bouleversant, Dieu répond au cri de ses fidèles : « Me voici. » Présence réelle. ■

Bénédicte de la Croix, cistercienne

✲ CLÉ DE LECTURE

« Me voici »

Isaïe 58, 9 *(p. 176)*

L'expression est connue comme la réponse du croyant à l'appel de Dieu, Abraham, Moïse, Isaïe, le psalmiste (Ps 39 [40], 8), mais elle est ici mise dans la bouche de Dieu qui répond aux appels de ceux qui le cherchent. Audace de l'auteur biblique, qui n'hésite pas à penser que le Seigneur se fait proche et se rend disponible à nous. Audace plus grande encore d'affirmer que cette présence et cette proximité ne sont pas la reconnaissance d'efforts, d'ascèse et de rites de pénitence. Ce sont le prisonnier libéré, le pauvre ou l'immigré nourri, vêtu, logé, l'exploité recouvrant sa dignité qui révèlent le visage d'un Dieu proche et fidèle à ceux qui « ne se sont pas dérobés à leur prochain », à ceux, dira la parabole de Jésus, qui ont su se rendre proches. ■

Roselyne Dupont-Roc, bibliste

SAMEDI 25 FÉVRIER 2023

SAMEDI APRÈS LES CENDRES COULEUR LITURGIQUE : VIOLET

Temps du Carême, *messe de la férie*

Antienne d'ouverture

Réponds-nous, Seigneur, car il est bon, ton amour ; dans ta grande tendresse, regarde-nous. (cf. Ps 68, 17)

Prière

Dieu éternel et tout-puissant, jette un regard de bonté sur notre faiblesse, et pour nous protéger, étends sur nous ta main souveraine. Par Jésus… — ***Amen.***

Lecture

du livre du prophète Isaïe (58, 9b-14)

« Si tu donnes à celui qui a faim ce que toi, tu désires, ta lumière se lèvera dans les ténèbres »

Ainsi parle le Seigneur : si tu fais disparaître de chez toi le joug, le geste accusateur, la parole malfaisante, si tu donnes à celui qui a faim ce que toi, tu désires, et si tu combles les désirs du malheureux, ta lumière se lèvera dans les ténèbres et ton obscurité sera lumière de midi. Le Seigneur sera toujours ton guide. En plein désert, il comblera tes désirs et te rendra vigueur. Tu seras comme un jardin bien irrigué, comme une source où les eaux ne manquent jamais. Tu rebâtiras les ruines anciennes, tu restaureras les fondations séculaires. On t'appellera : « Celui qui répare les brèches », « Celui qui remet en service les chemins ». Si tu t'abstiens de voyager le jour du sabbat, de traiter tes affaires pendant mon jour saint, si tu nommes « délices » le sabbat et déclares « glorieux » le jour saint du Seigneur, si tu le glorifies, en évitant démarches, affaires et pourparlers, alors tu trouveras tes délices dans le Seigneur ; je te ferai chevaucher sur les hauteurs du pays, je te donnerai pour vivre l'héritage de Jacob ton père. Oui, la bouche du Seigneur a parlé. – Parole du Seigneur.

Psaume 85 (86)

℟ ***Montre-moi ton chemin, Seigneur, que je marche suivant ta vérité.***

Écoute, Seigneur, réponds-moi,
car je suis pauvre et malheureux.
Veille sur moi qui suis fidèle, ô mon Dieu,
sauve ton serviteur qui s'appuie sur toi. ℟

Prends pitié de moi, Seigneur,
toi que j'appelle chaque jour.
Seigneur, réjouis ton serviteur :
vers toi, j'élève mon âme ! ℟

Toi qui es bon et qui pardonnes,
plein d'amour pour tous ceux qui t'appellent,
écoute ma prière, Seigneur,
entends ma voix qui te supplie. ℟

Acclamation de l'Évangile

Tes paroles, Seigneur, sont esprit et elles sont vie. Je ne prends pas plaisir à la mort du méchant, dit le Seigneur. Qu'il se détourne de sa conduite, et qu'il vive ! ***Tes paroles, Seigneur, sont esprit et elles sont vie.***

Évangile de Jésus Christ
selon saint Luc (5, 27-32)

« Je ne suis pas venu appeler des justes mais des pécheurs, pour qu'ils se convertissent »

En ce temps-là, Jésus sortit et remarqua un publicain (c'est-à-dire un collecteur d'impôts) du nom de Lévi assis au bureau des impôts. Il lui dit : « Suis-moi. » Abandonnant tout, l'homme se leva ; et il le suivait. Lévi donna pour Jésus une grande réception dans sa maison ; il y avait là une foule nombreuse de publicains et d'autres gens attablés avec eux. Les pharisiens et les scribes de leur parti récriminaient en disant à ses disciples : « Pourquoi mangez-vous et buvez-vous avec les publicains et les pécheurs ? » Jésus leur répondit : « Ce ne sont pas les gens en bonne santé qui ont besoin du médecin, mais les malades. Je ne suis pas venu appeler des justes mais des pécheurs, pour qu'ils se convertissent. »

Prière sur les offrandes
Accueille, Seigneur, le sacrifice de louange et de paix ; accorde-nous d'être purifiés par son action et de t'offrir un cœur qui te plaise. Par le Christ, notre Seigneur. ***— Amen.***

Préface du Carême, p. 217.

Antienne de la communion
Je veux la miséricorde, non le sacrifice, dit le Seigneur, car je ne suis pas venu appeler des justes, mais des pécheurs. (Mt 9, 13)

Prière après la communion

Fortifiés par le don de la vie du ciel, Seigneur, nous te prions : que ce sacrement offert dans la vie présente nous soit un secours pour l'éternité. Par le Christ, notre Seigneur. **— *Amen.***

Prière sur le peuple

Le prêtre peut dire la prière suivante :

Dans ta bonté, Seigneur, reste auprès de ton peuple qui s'est approché des saints mystères, afin que nul danger ne le menace, lui qui a mis sa confiance dans ta protection. Par le Christ, notre Seigneur. **— *Amen.***

INVITATION

« Tu seras comme un jardin bien irrigué. » Ce Carême est peut-être l'occasion de prendre des résolutions pour économiser l'eau.

COMMENTAIRE

Merveilleux pécheurs

Luc 5, 27-32

Les pharisiens, stricts observateurs de la Loi, interrogent Jésus et ses disciples : « Pourquoi mangez-vous et buvez-vous avec les publicains et les pécheurs ? » La tentation de séparer purs et impurs nous guette tous. Qui peut se dire du bon côté sans adopter par rapport aux autres une attitude de surplomb, orgueilleuse et suffisante ? N'ayons pas peur de nous reconnaître pauvres et pécheurs, simplement humains… si merveilleusement humains. ■

***Bénédicte de la Croix**, cistercienne*

DIMANCHE 26 FÉVRIER 2023

1ER DIMANCHE DE CARÊME

ANNÉE A – COULEUR LITURGIQUE : VIOLET

« L'homme ne vit pas seulement de pain, mais de toute parole qui sort de la bouche de Dieu. » Matthieu 4, 4

« Jésus fut conduit au désert pour être tenté. » Non, nous ne sommes pas seuls à être tentés, à souhaiter que les pierres se transforment en pain ou en argent, à désirer les royaumes et la gloire du monde. Jésus lui-même a été tenté. Quand nos yeux sont obscurcis par la tentation, le Christ, vainqueur du mal et de la mort, se tient à nos côtés. Avec lui, vivons un Carême d'espérance et de joie.

RITES INITIAUX

Chant d'entrée *(Suggestions* *p. 241**)*

OU

Antienne d'ouverture

Quand mon serviteur m'appelle, dit le Seigneur,
moi, je lui réponds. Je veux le libérer, le glorifier ;
de longs jours, je veux le rassasier. (cf. Ps 90, 15-16)

Suggestion de préparation pénitentielle *(ou* *p. 211**)*

Frères et sœurs, en ces jours où nous sommes invités à la conversion du cœur, préparons-nous à célébrer le mystère de l'eucharistie, en reconnaissant que nous avons péché.

— Je confesse à Dieu tout-puissant, je reconnais devant vous, frères et sœurs, que j'ai péché en pensée, en parole, par action et par omission ;

On se frappe la poitrine en disant : ***— oui, j'ai vraiment péché.***

On continue : ***— C'est pourquoi je supplie la bienheureuse Vierge Marie, les anges et tous les saints, et vous aussi, frères et sœurs, de prier pour moi le Seigneur notre Dieu.***

Que Dieu tout-puissant nous fasse miséricorde ; qu'il nous pardonne nos péchés et nous conduise à la vie éternelle. ***— Amen.***

Kyrie, eleison. ***— Kyrie, eleison.***
Christe, eleison. ***— Christe, eleison.***
Kyrie, eleison. ***— Kyrie, eleison.***

Pendant le Carême, on omet le Gloire à Dieu.

Prière

Dieu tout-puissant, toi qui nous invites chaque année à vivre le Carême en vérité, donne-nous de progresser dans l'intelligence du mystère du Christ et d'en rechercher la réalisation par une vie qui lui corresponde. Lui qui… ***— Amen.***

LITURGIE DE LA PAROLE

Lecture du livre de la Genèse (2, 7-9 ; 3, 1-7a)

Création et péché de nos premiers parents

Le Seigneur Dieu modela l'homme avec la poussière tirée du sol ; il insuffla dans ses narines le souffle de vie, et l'homme devint un être vivant. Le Seigneur Dieu planta un jardin en Éden, à l'orient, et y plaça l'homme qu'il avait modelé. Le Seigneur Dieu fit pousser du sol toutes sortes d'arbres à l'aspect désirable et aux fruits savoureux ; il y avait aussi l'arbre de vie au milieu du jardin, et l'arbre de la connaissance du bien et du mal. Or le serpent était le plus rusé de tous les animaux des champs que le Seigneur Dieu avait faits. Il dit à la femme : « Alors, Dieu vous a vraiment dit : "Vous ne mangerez d'aucun arbre du jardin" ? » La femme répondit au serpent : « Nous mangeons les fruits des arbres du jardin. Mais, pour le fruit de l'arbre qui est au milieu du jardin, Dieu a dit : "Vous n'en mangerez pas, vous n'y toucherez pas, sinon vous mourrez." » Le serpent dit à la femme : « Pas du tout ! Vous ne mourrez pas ! Mais Dieu sait que, le jour où vous en mangerez, vos yeux s'ouvriront, et vous serez comme des dieux, connaissant le bien et le mal. » La femme s'aperçut que le fruit de l'arbre devait être savoureux, qu'il était agréable à regarder et qu'il était désirable, cet arbre, puisqu'il donnait l'intelligence. Elle prit de son fruit, et en mangea. Elle en donna aussi à son mari, et il en mangea. Alors leurs yeux à tous deux s'ouvrirent et ils se rendirent compte qu'ils étaient nus. – Parole du Seigneur.

Psaume 50 (51)

℟ ***Pitié, Seigneur, car nous avons péché !***

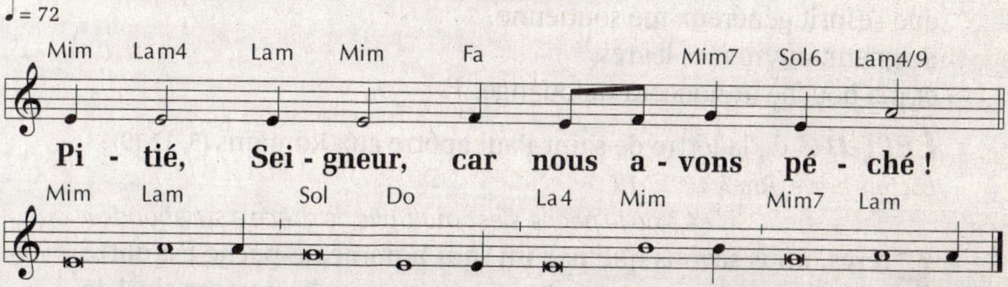

T. : AELF ; M. : J.-P. Hervy ; Éd. : ADF.

Pitié pour moi, mon Dieu, dans ton amour,
selon ta grande miséricorde, efface mon péché.
Lave-moi tout entier de ma faute,
purifie-moi de mon offense. ℟

Retrouvez ce psaume sur le CD "Les psaumes de l'année A"

℟ ***Pitié, Seigneur, car nous avons péché !***

Oui, je connais mon péché,
ma faute est toujours devant moi.
Contre toi, et toi seul, j'ai péché,
ce qui est mal à tes yeux, je l'ai fait. ℟

Crée en moi un cœur pur, ô mon Dieu,
renouvelle et raffermis au fond de moi mon esprit.
Ne me chasse pas loin de ta face,
ne me reprends pas ton esprit saint. ℟

Rends-moi la joie d'être sauvé ;
que l'esprit généreux me soutienne.
Seigneur, ouvre mes lèvres,
et ma bouche annoncera ta louange. ℟

Lecture de la lettre de saint Paul apôtre aux Romains (5, 12-19)

Lecture brève : Rm 5, 12. 17-19

« Là où le péché s'est multiplié, la grâce a surabondé »

Frères, nous savons que par un seul homme, le péché est entré dans le monde, et que par le péché est venue la mort ; et ainsi, la mort est passée en tous les hommes, étant donné que tous ont péché.

Interruption de la lecture brève

Avant la loi de Moïse, le péché était déjà dans le monde, mais le péché ne peut être imputé à personne tant qu'il n'y a pas de loi.

Pourtant, depuis Adam jusqu'à Moïse, la mort a établi son règne, même sur ceux qui n'avaient pas péché par une transgression semblable à celle d'Adam. Or, Adam préfigure celui qui devait venir.
Mais il n'en va pas du don gratuit comme de la faute. En effet, si la mort a frappé la multitude par la faute d'un seul, combien plus la grâce de Dieu s'est-elle répandue en abondance sur la multitude, cette grâce qui est donnée en un seul homme, Jésus Christ.
Le don de Dieu et les conséquences du péché d'un seul n'ont pas la même mesure non plus : d'une part, en effet, pour la faute d'un seul, le jugement a conduit à la condamnation ; d'autre part, pour une multitude de fautes, le don gratuit de Dieu conduit à la justification.

Reprise de la lecture brève

Si, en effet, à cause d'un seul homme, par la faute d'un seul, la mort a établi son règne, combien plus, à cause de Jésus Christ et de lui seul, régneront-ils dans la vie, ceux qui reçoivent en abondance le don de la grâce qui les rend justes. Bref, de même que la faute commise par un seul a conduit tous les hommes à la condamnation, de même l'accomplissement de la justice par un seul a conduit tous les hommes à la justification qui donne la vie. En effet, de même que par la désobéissance d'un seul être humain la multitude a été rendue pécheresse, de même par l'obéissance d'un seul la multitude sera-t-elle rendue juste.
– Parole du Seigneur.

Acclamation de l'Évangile

Ta Parole, Seigneur, est vérité, et ta loi, délivrance. L'homme ne vit pas seulement de pain, mais de toute parole qui sort de la bouche de Dieu. ***Ta Parole, Seigneur, est vérité, et ta loi, délivrance.***

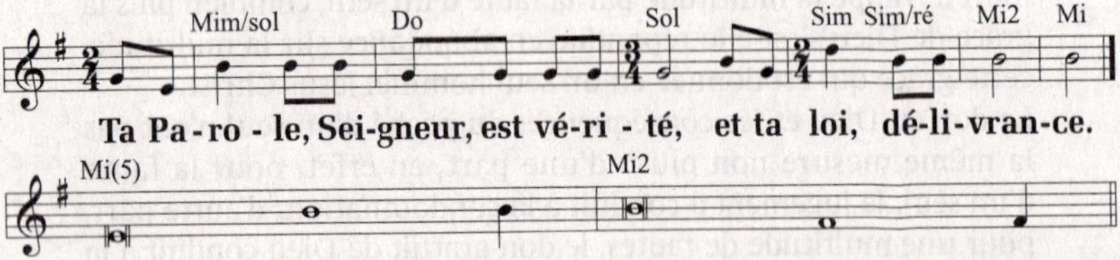

T. : AELF; M. : P. Robert.

Évangile de Jésus Christ selon saint Matthieu (4, 1-11)

Jésus jeûne quarante jours, puis est tenté

En ce temps-là, Jésus fut conduit au désert par l'Esprit pour être tenté par le diable. Après avoir jeûné quarante jours et quarante nuits, il eut faim. Le tentateur s'approcha et lui dit : « Si tu es Fils de Dieu, ordonne que ces pierres deviennent des pains. » Mais Jésus répondit : « Il est écrit : *L'homme ne vit pas seulement de pain, mais de toute parole qui sort de la bouche de Dieu.* »

Alors le diable l'emmène à la Ville sainte, le place au sommet du Temple et lui dit : « Si tu es Fils de Dieu, jette-toi en bas; car il est écrit : *Il donnera pour toi des ordres à ses anges,* et : *Ils te porteront sur leurs mains, de peur que ton pied ne heurte une pierre.* » Jésus lui déclara : « Il est encore écrit : *Tu ne mettras pas à l'épreuve le Seigneur ton Dieu.* » Le diable l'emmène encore sur une très haute montagne et lui montre tous les royaumes du monde et leur gloire. Il lui dit : « Tout cela, je te le donnerai, si, tombant à mes pieds, tu te prosternes devant moi. » Alors, Jésus lui dit : « Arrière, Satan ! car il est écrit : *C'est le Seigneur ton Dieu que tu adoreras, à lui seul tu rendras un culte.* » Alors le diable le quitte. Et voici que des anges s'approchèrent, et ils le servaient.

Homélie

Profession de foi *(p. 214)*

Suggestion de prière universelle

Au seuil de ce Carême, nous voici invités à emprunter des chemins de conversion. Au Christ victorieux de tout mal, confions toutes les intentions du monde.

℞ ***Nous te prions, Seigneur !***

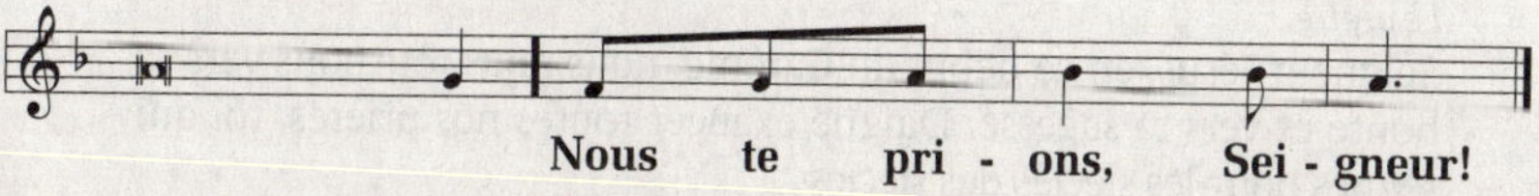

M. : J. Gelineau; Brepols.

℟ ***Nous te prions, Seigneur !***

Le diacre ou un lecteur :

Merci, Seigneur, tu nous invites à vivre de ta parole de vie. Qu'en ces jours de Carême, notre assemblée réunie se laisse renouveler par l'audace et par l'espérance de la Bonne Nouvelle. Ensemble, prions. ℟

Merci, Seigneur, tu nous demandes de ne pas mettre à l'épreuve Dieu ton Père. Qu'en ces jours de conversion, celles et ceux qui doutent retrouvent en toi le réconfort. Ensemble, prions. ℟

Merci, Seigneur, tu nous rappelles que le bonheur ne réside pas dans la possession des biens de la terre. Qu'en ces jours de Carême, tous les chrétiens redoublent de charité envers les plus démunis. Avec toute l'Église, prions. ℟

Merci, Seigneur, ta sagesse et ton discernement sont un exemple pour tous. Que les décideurs politiques et économiques prennent eux aussi le temps de la réflexion pour plus de justice. Ensemble, prions. ℟

(Ces intentions seront adaptées ou modifiées selon les circonstances.)

Le prêtre :

Seigneur Jésus, en ce début du Carême, nous nous tournons vers ta bonté et vers ta sagesse. Daigne exaucer toutes nos prières, toi qui règnes pour les siècles des siècles.

— Amen.

LITURGIE EUCHARISTIQUE

Prière sur les offrandes

Alors que nous célébrons les débuts de ce temps très saint, nous te prions, Seigneur : fais que nos cœurs correspondent vraiment aux offrandes que nous allons présenter. Par le Christ, notre Seigneur.
— Amen.

Prière eucharistique (*Préface du 1er dimanche de Carême*)

Vraiment, il est juste et bon, pour ta gloire et notre salut, de t'offrir notre action de grâce, toujours et en tout lieu, Seigneur, Père très saint, Dieu éternel et tout-puissant, par le Christ, notre Seigneur. En jeûnant quarante jours au désert, il consacrait le temps du Carême ; lorsqu'il déjouait les pièges du Tentateur des origines, il nous apprenait à écarter le ferment du mal ; ainsi pourrons-nous célébrer dignement le mystère pascal et enfin passer à la Pâque éternelle. C'est pourquoi, avec la multitude des anges et des saints, nous chantons l'hymne de ta gloire et sans fin nous proclamons : ***Saint ! Saint ! Saint...***

Chant de communion (*Suggestions p. 241*)

ou

Antienne de la communion

L'homme ne vit pas seulement de pain, mais de toute parole
qui sort de la bouche de Dieu. (Mt 4, 4)

OU

Le Seigneur te couvre et te protège,
tu trouves sous son aile un refuge.
(cf. Ps 90, 4)

Prière après la communion

Restaurés par le pain du ciel, qui nourrit la foi, stimule l'espérance et fortifie la charité, nous t'en prions, Seigneur : apprends-nous à toujours avoir faim de celui qui est le pain vivant et vrai, et à vivre de toute parole qui sort de ta bouche. Par le Christ, notre Seigneur. — ***Amen.***

Prière sur le peuple

Le prêtre peut dire la prière suivante :

Que descende sur ton peuple, Seigneur, l'abondance de ta bénédiction, afin que dans l'épreuve grandisse l'espérance, que dans la tentation s'affermisse le courage, et que soit accordée la rédemption éternelle. Par le Christ, notre Seigneur. — ***Amen.***

RITE DE CONCLUSION

Bénédiction

Envoi

COMMENTAIRE DU DIMANCHE

Vincent Leclercq, prêtre assomptionniste

Un temps pour guérir et être sauvé

Le récit des tentations de Jésus n'est pas un duel auquel on assiste de l'extérieur en attendant la victoire de son favori. Jésus nous y rejoint au plus profond de nous-mêmes. Il reprend le combat là où nous l'avons perdu. L'évangile dévoile ainsi le sens de notre Carême : un temps pour guérir et être sauvé par celui qui nous emmène avec lui.

La première tentation est celle de l'avidité. Le désir de posséder nous fait oublier les médiations humaines. Avant de devenir nourriture, le blé doit être semé. Il doit aussi pousser avant d'être récolté ; broyé et mélangé à l'eau, le pain longuement cuit au four. Vouloir tout et tout de suite, conduit à négliger notre planète et les besoins d'autrui. Mais aussi à oublier la place de Dieu dans notre vie.

•••

••• La deuxième tentation est de rechercher un chemin de gloire. Courir après son bien-être, une carrière ou les sécurités humaines nous éloigne de celui qui accepte d'être faible, pauvre et abandonné de tous.
La troisième est de nous servir de Dieu au lieu de le servir. Elle est de nous fabriquer un dieu à notre image. L'idole demande toujours de nous coucher au sol et de lui offrir sans cesse de nouveaux sacrifices. Face à elle, il n'est plus possible ni d'avancer ni même d'exister. À l'inverse, le Christ nous nourrit de sa parole et de son eucharistie. Il nous libère des tentations en habitant notre cœur.

~

Ne jamais dialoguer avec le diable – nous dit le pape François – mais lui opposer la parole de Dieu.
Comment vais-je me rapprocher de Jésus et de son Évangile ?
Comment puis-je faire des moments où je me sens faible, pauvre ou abandonné une rencontre avec celui qui me sauve ? ■

Prions en Église junior

LIRE L'ÉVANGILE AVEC LES ENFANTS

CE QUE JE DÉCOUVRE

Quand le diable tente Jésus au désert, il essaie de l'embrouiller. Mais Jésus n'est pas dupe. C'est pourquoi il peut lui résister. Il répond en citant les Écritures. **L'Esprit de Dieu est avec Jésus, il est aussi avec nous.** Il fait vivre en nous la présence du Seigneur, il nous accompagne dans nos prières. Grâce à l'Esprit, nous redisons notre confiance à Dieu. Lui seul donne la vie.

CE QUE JE VIS

Imagine la suite de ces phrases :

– « L'homme ne vit pas seulement de pain. »
Il vit aussi de...

– « C'est le Seigneur ton Dieu que tu adoreras. »
Tu préféreras donc Dieu à...

Dans ton coin prière, dessine un chemin avec des cailloux. Ce chemin t'aidera pendant le Carême.

Texte : Pierre-Marie Leroy. Illustrations : Marcelino Truong

MÉDITATION BIBLIQUE
1ER DIMANCHE DE CARÊME
Livre de la Genèse 2, 7-9; 3, 1-7a

Le projet de Dieu

L'échec d'Adam et Ève raconte quelque chose de nos vies : nous ne sommes pas à l'abri de nous tromper.

Le temps de la préparation

« Jésus lui déclara : "Il est encore écrit : *Tu ne mettras pas à l'épreuve le Seigneur ton Dieu.*" » (Mt 4, 7)

Le temps de l'observation

Le serpent propose à Adam et Ève de manger le fruit dans le but de devenir « comme des dieux ». Après un instant de discernement, ils tomberont dans le piège et décideront d'en manger. Peut-être ont-ils été trompés par le fait que les paroles du serpent ressemblent à celles du projet de Dieu énoncées dans le chapitre précédent. « Dieu créa l'homme à son image, à l'image de Dieu il le créa » (Gn 1, 27). Manger du fruit défendu, n'est-ce pas rejoindre le projet de Dieu ? Non, car une différence s'est glissée entre les deux propositions.

Dans la première, Dieu offre son image, et crée la personne humaine en fonction d'elle. C'est un fait, un don, une configuration qu'il propose à chaque humain de reconnaître et d'en vivre. Chacun peut alors retrouver l'image de Dieu en lui et accepter d'y ressembler librement. Tout est donné. Le serpent, lui, détourne l'idée de Dieu pour en faire un gain à obtenir, un trophée à gagner, un dû à récupérer contre Dieu lui-même.

Le temps de la méditation

Le serpent laisse croire à Adam et Ève qu'il leur manque quelque chose pour devenir des dieux. Cette histoire est celle de nos vies car nous-mêmes ne sommes pas à l'abri de nous tromper. Si le projet de divinisation de l'homme est bien celui de Dieu, le chemin emprunté compte plus que le résultat. Adam et Ève souhaitent connaître et maîtriser. Ils pensent que la puissance est le chemin pour rejoindre le projet de Dieu qu'ils portent en eux. Ils vont vite expérimenter les conséquences d'avoir mangé du fruit de l'arbre interdit. Ils se découvriront nus et fragiles. Ils devront à partir de là trouver un autre chemin pour vivre de l'image de Dieu, une route qui passe non par la volonté de toute-puissance mais par un consentement à leur être fragile et nu. Si la tradition a considéré Jésus comme le nouvel Adam, c'est que lui incarne une façon pleinement humaine d'être à l'image de Dieu.

Le temps de la prière

**« Rends-moi la joie d'être sauvé ;
que l'esprit généreux
me soutienne. » (Ps 50, 14)** ■

Marie-Laure Durand,
bibliste

PARTAGE BIBLIQUE

Environ 45 minutes

Une bible ou Prions en Église, *page 186*

CRÉATION ET PÉCHÉ (GN 2, 7-9 ; 3, 1-7a)

Lire

Nous concentrons notre lecture sur l'extrait de la Genèse.

Comprendre le texte

Dans ce récit de l'histoire primordiale de la désobéissance de l'homme et de la femme, le serpent n'est pas le symbole du mal, de la magie (2 R 18, 4) ou un ennemi de Dieu. Il n'y a dans le jardin que l'homme, la femme et les animaux. C'est l'un d'eux qui sert pour la tentation, le « rusé », selon la manière de parler qui attribue une particularité à chaque animal. Sa ruse consiste à donner à la femme l'occasion de défendre Dieu qui n'interdit que « l'arbre qui est au milieu du jardin ». Le serpent les engage à devenir « comme des dieux, connaissant le bien et le mal » ; non pas de « discerner le bien du mal » (Dt 1, 39). En hébreu « connaître » désigne une connaissance pratique, il s'agit d'un savoir-faire :

connaître le bien et le mal, c'est acquérir une clairvoyance (un savoir) qui permet de réussir tout (un faire) : « Il était désirable, cet arbre, puisqu'il donnait l'intelligence. » La promesse du serpent s'accomplit. Leurs yeux s'ouvrent à une réalité qu'ils ignoraient : ils sont nus, et ils ont acquis un certain savoir-faire. Ils se font des pagnes. Désormais, ils ont honte ; ce qui était normal auparavant devient sentiment de culpabilité. Ils cherchent à se cacher de Dieu.

Partager

- Reformulons la question du serpent : pourquoi devrais-je demeurer assujetti à une interdiction qui me maintiendrait dans un état d'infériorité ?
- Pourquoi Dieu n'a-t-il pas empêché l'homme et la femme de tomber dans le piège qui leur était tendu ?
- À quelles voix, à quels attraits suis-je sensible ?
- De quelle image de Dieu est-ce que je cherche à me cacher ?

Prier

Nous méditons le psaume 50, avant de le chanter avec le refrain écrit par Joseph Gelineau : « Pitié, Seigneur, car nous avons péché ! » ■

Sylvain Gasser, prêtre assomptionniste

LUNDI 27 FÉVRIER 2023

1RE SEMAINE DE CARÊME COULEUR LITURGIQUE : VIOLET

Temps du Carême, *messe de la férie*
(Saint Grégoire de Narek, abbé et docteur de l'Église)

Antienne d'ouverture

Comme les yeux des serviteurs vers la main de leurs maîtres,
nos yeux, levés vers le Seigneur notre Dieu, attendent sa pitié.
Pitié pour nous, Seigneur, pitié pour nous. (cf. Ps 122, 2-3)

Prière

Fais-nous revenir à toi, Dieu notre Sauveur, et pour que ce Carême nous soit profitable, forme nos esprits par l'enseignement qui vient du ciel. Par Jésus…
— Amen.

Lecture

du livre des Lévites (19, 1-2. 11-18)

« Tu jugeras ton compatriote avec justice »

Le Seigneur parla à Moïse et dit : « Parle à toute l'assemblée des fils d'Israël. Tu leur diras : Soyez saints, car moi, le Seigneur votre Dieu, je suis saint.
« Vous ne volerez pas, vous ne mentirez pas, vous ne tromperez aucun de vos compatriotes. Vous ne ferez pas de faux serments par mon nom : tu profanerais le nom de ton Dieu. Je suis le Seigneur.
« Tu n'exploiteras pas ton prochain, tu ne le dépouilleras pas : tu ne retiendras pas jusqu'au matin la paye

du salarié. Tu ne maudiras pas un sourd, tu ne mettras pas d'obstacle devant un aveugle : tu craindras ton Dieu. Je suis le Seigneur.
« Quand vous siégerez au tribunal, vous ne commettrez pas d'injustice ; tu n'avantageras pas le faible, tu ne favoriseras pas le puissant : tu jugeras ton compatriote avec justice. Tu ne répandras pas de calomnies contre quelqu'un de ton peuple, tu ne réclameras pas la mort de ton prochain. Je suis le Seigneur.
« Tu ne haïras pas ton frère dans ton cœur. Mais tu devras réprimander ton compatriote, et tu ne toléreras pas la faute qui est en lui. Tu ne te vengeras pas. Tu ne garderas pas de rancune contre les fils de ton peuple. Tu aimeras ton prochain comme toi-même. Je suis le Seigneur. »
– Parole du Seigneur.

Psaume 18B (19)

℟ ***Tes paroles, Seigneur, sont esprit et elles sont vie.***

La loi du Seigneur est parfaite,
qui redonne vie ;
la charte du Seigneur est sûre,
qui rend sages les simples. ℟

Les préceptes du Seigneur sont droits,
ils réjouissent le cœur ;
le commandement du Seigneur est limpide,
il clarifie le regard. ℟

La crainte qu'il inspire est pure,
elle est là pour toujours ;
les décisions du Seigneur sont justes
et vraiment équitables. ℟

Accueille les paroles de ma bouche,
le murmure de mon cœur ;
qu'ils parviennent devant toi,
Seigneur, mon rocher, mon défenseur ! ℟

Acclamation de l'Évangile

Louange à toi, Seigneur, Roi d'éternelle gloire ! Voici maintenant le moment favorable, voici maintenant le jour du salut. ***Louange à toi, Seigneur, Roi d'éternelle gloire !***

Évangile de Jésus Christ

selon saint Matthieu (25, 31-46)

« Chaque fois que vous l'avez fait à l'un de ces plus petits de mes frères, c'est à moi que vous l'avez fait »

En ce temps-là, Jésus disait à ses disciples : « Quand le Fils de l'homme viendra dans sa gloire, et tous les anges avec lui, alors il siégera sur son trône de gloire. Toutes les nations seront rassemblées devant lui ; il séparera les hommes les uns des autres, comme le berger sépare les brebis des boucs : il placera les brebis à sa droite, et les boucs à gauche.

« Alors le Roi dira à ceux qui seront à sa droite : "Venez, les bénis de mon Père, recevez en héritage le Royaume préparé pour vous depuis la fondation du monde. Car j'avais faim, et vous m'avez donné à manger ; j'avais soif, et vous m'avez donné à boire ; j'étais un étranger, et vous m'avez accueilli ; j'étais nu, et vous m'avez habillé ; j'étais malade, et vous m'avez visité ; j'étais en prison, et vous êtes venus jusqu'à moi !" Alors les justes lui répondront : "Seigneur, quand est-ce que nous t'avons vu… ? tu avais donc faim, et nous t'avons nourri ? tu avais soif, et nous t'avons donné à boire ? tu étais un étranger, et nous t'avons accueilli ? tu étais nu, et nous t'avons habillé ? tu étais malade ou en prison… Quand sommes-nous venus

jusqu'à toi ?" Et le Roi leur répondra : "Amen, je vous le dis : chaque fois que vous l'avez fait à l'un de ces plus petits de mes frères, c'est à moi que vous l'avez fait."
« Alors il dira à ceux qui seront à sa gauche : "Allez-vous-en loin de moi, vous les maudits, dans le feu éternel préparé pour le diable et ses anges. Car j'avais faim, et vous ne m'avez pas donné à manger ; j'avais soif, et vous ne m'avez pas donné à boire ; j'étais un étranger, et vous ne m'avez pas accueilli ; j'étais nu, et vous ne m'avez pas habillé ; j'étais malade et en prison, et vous ne m'avez pas visité." Alors ils répondront, eux aussi : "Seigneur, quand t'avons-nous vu avoir faim, avoir soif, être nu, étranger, malade ou en prison, sans nous mettre à ton service ?" Il leur répondra : "Amen, je vous le dis : chaque fois que vous ne l'avez pas fait à l'un de ces plus petits, c'est à moi que vous ne l'avez pas fait."
« Et ils s'en iront, ceux-ci au châtiment éternel, et les justes, à la vie éternelle. »

Prière sur les offrandes

Accueille, Seigneur, notre fervent sacrifice : par ton action, qu'il sanctifie notre manière de vivre, et nous obtienne la grâce de ton pardon. Par le Christ, notre Seigneur. — ***Amen.*** *Préface du Carême, p. 217.*

Antienne de la communion

Amen, je vous le dis, tout ce que vous avez fait à l'un de ces plus petits de mes frères, c'est à moi que vous l'avez fait, dit le Seigneur. Venez, les bénis de mon Père, recevez en héritage le Royaume préparé pour vous depuis la fondation du monde. (Mt 25, 40. 34)

Prière après la communion

Dans la communion à ton sacrement, Seigneur, fais-nous ressentir un secours pour l'esprit et pour le corps, afin que, sauvés tout entiers, nous trouvions notre gloire au ciel dans la plénitude de la guérison. Par le Christ, notre Seigneur. **— *Amen.***

Prière sur le peuple

Le prêtre peut dire la prière suivante :

Nous t'en prions, Seigneur, éclaire l'intelligence de ton peuple par la lumière de ta gloire, afin qu'il puisse voir ce qu'il doit faire et sache accomplir ce qui est droit. Par le Christ, notre Seigneur. **— *Amen.***

INVITATION

Donner à manger, à boire, habiller, accueillir... quel geste concret pour l'autre puis-je faire aujourd'hui ?

COMMENTAIRE

Ces plus petits de nos frères Matthieu 25, 31-46

Le Christ s'identifie et partage sa solidarité avec les personnes les plus démunies et marginales. Il ne laisse personne sur le bord du chemin. Aller à la rencontre des besoins de nos frères et sœurs et prendre soin des plus souffrants – donner à boire, à manger, accueillir, vêtir, soigner, visiter... – nous fait aussi découvrir le visage du Christ. Quelle est mon attitude envers ceux qui ont faim, envers les étrangers, envers les personnes malades ? ■

***Jean-Paul Musangania**, prêtre assomptionniste*

MARDI 28 FÉVRIER 2023

1RE SEMAINE DE CARÊME COULEUR LITURGIQUE : VIOLET

Temps du Carême, *messe de la férie*

Antienne d'ouverture

**D'âge en âge, Seigneur, tu as été notre refuge ;
de toujours à toujours,
toi, tu es Dieu.** (Ps 89, 1-2)

Prière

Regarde ta famille, Seigneur ; et fais que notre esprit, affiné par la discipline imposée à notre corps, resplendisse à tes yeux du désir de te trouver. Par Jésus…
— Amen.

Lecture

du livre du prophète Isaïe (55, 10-11)

Ma parole fait ce qui me plaît

Ainsi parle le Seigneur : « La pluie et la neige qui descendent des cieux n'y retournent pas sans avoir abreuvé la terre, sans l'avoir fécondée et l'avoir fait germer, donnant la semence au semeur et le pain à celui qui doit manger ; ainsi ma parole, qui sort de ma bouche, ne me reviendra pas sans résultat, sans avoir fait ce qui me plaît, sans avoir accompli sa mission. »
– Parole du Seigneur.

MARDI 28 FÉVRIER 2023

Psaume 33 (34)

℟ ***De toutes leurs angoisses, Dieu délivre les justes.***

Magnifiez avec moi le Seigneur,
exaltons tous ensemble son nom.
Je cherche le Seigneur, il me répond :
de toutes mes frayeurs, il me délivre. ℟

Qui regarde vers lui resplendira,
sans ombre ni trouble au visage.
Un pauvre crie ; le Seigneur entend :
il le sauve de toutes ses angoisses. ℟

Le Seigneur regarde les justes,
il écoute, attentif à leurs cris.
Le Seigneur affronte les méchants
pour effacer de la terre leur mémoire. ℟

Le Seigneur entend ceux qui l'appellent :
de toutes leurs angoisses, il les délivre.
Il est proche du cœur brisé,
il sauve l'esprit abattu. ℟

Acclamation de l'Évangile

Ta Parole, Seigneur, est vérité, et ta loi, délivrance. L'homme ne vit pas seulement de pain, mais de toute parole qui sort de la bouche de Dieu. ***Ta Parole, Seigneur, est vérité, et ta loi, délivrance.***

Évangile de Jésus Christ

selon saint Matthieu (6, 7-15)

« Vous donc, priez ainsi »

En ce temps-là, Jésus disait à ses disciples : « Lorsque vous priez, ne rabâchez pas comme les païens : ils s'imaginent qu'à force de paroles ils seront exaucés. Ne les imitez donc pas, car votre Père sait de quoi vous

avez besoin, avant même que vous l'ayez demandé. Vous donc, priez ainsi : Notre Père, qui es aux cieux, que ton nom soit sanctifié, que ton règne vienne, que ta volonté soit faite sur la terre comme au ciel. Donne-nous aujourd'hui notre pain de ce jour. Remets-nous nos dettes, comme nous-mêmes nous remettons leurs dettes à nos débiteurs. Et ne nous laisse pas entrer en tentation, mais délivre-nous du Mal.
« Car, si vous pardonnez aux hommes leurs fautes, votre Père céleste vous pardonnera aussi. Mais si vous ne pardonnez pas aux hommes, votre Père non plus ne pardonnera pas vos fautes. »

Prière sur les offrandes

Dieu, créateur tout-puissant, accepte nos présents, reçus de ta grande générosité ; tu nous les as donnés comme secours pour notre vie sur la terre : dans ta bonté, transforme-les en vue de la vie éternelle. Par le Christ, notre Seigneur. — ***Amen.***

Préface du Carême, p. 217.

Antienne de la communion

Quand je crie, réponds-moi,
Dieu, ma justice !
Toi qui me libères dans la détresse,
pitié pour moi, écoute ma prière !
(Ps 4, 2)

Prière après la communion

Seigneur, nous te prions : tandis que nous modérons nos désirs terrestres, qu'il nous soit donné, par ces mystères, d'apprendre à aimer les biens du ciel. Par le Christ, notre Seigneur. — ***Amen.***

Prière sur le peuple

Le prêtre peut dire la prière suivante :

Que tes fidèles, Seigneur Dieu, trouvent en ta bénédiction une force nouvelle : sois pour eux consolation dans la tristesse, patience dans l'épreuve, secours dans le péril. Par le Christ, notre Seigneur. — ***Amen.***

INVITATION

Quel passage de l'Écriture m'a le plus marqué(e) ce mois-ci ?
Je prends un temps de relecture. Peut-être ai-je souligné certaines phrases dans mon « Prions » ?

COMMENTAIRE

Notre Père qui nous connais... Matthieu 6, 7-15

Dire le Notre Père, c'est reconnaître que Dieu est à l'œuvre dans notre vie : s'adresser à notre Père, sanctifier le Nom de Dieu, faire venir le Règne, demander pardon... voilà autant de paroles qui nous engagent à prier, de façon insistante mais confiante, en étant sûrs d'être exaucés par celui qui ne nous veut que du bien. Comme le dit saint Jean Chrysostome : « La personne qui prie a la main sur le gouvernail du monde. » ■

Jean-Paul Musangania, *prêtre assomptionniste*

Liturgie de la messe

RITES INITIAUX

Le chant d'entrée achevé, le prêtre et les fidèles, debout, font le signe de la croix, tandis que le prêtre, tourné vers le peuple, dit :

Au nom du Père, et du Fils, et du Saint-Esprit.

Le peuple répond :

– Amen.

Salutation

La grâce de Jésus, le Christ, notre Seigneur, l'amour de Dieu le Père, et la communion de l'Esprit Saint soient toujours avec vous.

– Et avec votre esprit.

Ou bien : Que la grâce et la paix de Dieu notre Père et du Seigneur Jésus, le Christ, soient toujours avec vous.

– Et avec votre esprit.

Ou bien : Le Seigneur soit avec vous.

– Et avec votre esprit.

Acte pénitentiel

Frères et sœurs, préparons-nous à célébrer le mystère de l'eucharistie, en reconnaissant que nous avons péché.

(1) Je confesse à Dieu tout-puissant, je reconnais devant vous, frères et sœurs, que j'ai péché en pensée, en parole, par action et par omission ; oui, j'ai vraiment péché. C'est pourquoi je supplie la bienheureuse Vierge Marie, les anges et tous les saints, et vous aussi, frères et sœurs, de prier pour moi le Seigneur notre Dieu.

(2) Prends pitié de nous, Seigneur. – ***Nous avons péché contre toi.***
Montre-nous, Seigneur, ta miséricorde. – ***Et donne-nous ton salut.***

(3) Seigneur Jésus, envoyé pour guérir les cœurs qui reviennent vers toi :
Seigneur, prends pitié. – ***Seigneur, prends pitié.***
Ô Christ, venu appeler les pécheurs : ô Christ, prends pitié.
– ***Ô Christ, prends pitié.***
Seigneur, qui sièges à la droite du Père où tu intercèdes pour nous :
Seigneur, prends pitié. – ***Seigneur, prends pitié.***

Que Dieu tout-puissant nous fasse miséricorde ; qu'il nous pardonne nos péchés et nous conduise à la vie éternelle. – ***Amen.***

Ensuite, on chante ou on dit le Kyrie eleison (Seigneur, prends pitié), à moins qu'il n'ait été déjà employé dans une formule de l'acte pénitentiel (c'est le cas de la précédente).

Kyrie, eleison. – ***Kyrie, eleison.***
Christe, eleison. – ***Christe, eleison.***
Kyrie, eleison. – ***Kyrie, eleison.***
ou bien : Seigneur, prends pitié. – ***Seigneur, prends pitié.***
Ô Christ, prends pitié. – ***Ô Christ, prends pitié.***
Seigneur, prends pitié. – ***Seigneur, prends pitié.***

Gloire à Dieu

Gloire à Dieu, au plus haut des cieux, et paix sur la terre aux hommes,
qu'il aime. Nous te louons, nous te bénissons, nous t'adorons,
nous te glorifions, nous te rendons grâce, pour ton immense gloire,
Seigneur Dieu, Roi du ciel, Dieu le Père tout-puissant.
Seigneur, Fils unique, Jésus Christ, Seigneur Dieu,
Agneau de Dieu, le Fils du Père;
toi qui enlèves les péchés du monde, prends pitié de nous;
toi qui enlèves les péchés du monde, reçois notre prière;
toi qui es assis à la droite du Père, prends pitié de nous.
Car toi seul es Saint, toi seul es Seigneur, toi seul es le Très-Haut :
Jésus Christ, avec le Saint-Esprit dans la gloire de Dieu le Père. Amen.

Gloria in excelsis Deo et in terra pax hominibus bonæ voluntatis. Laudamus te, benedicimus te, adoramus te, glorificamus te, gratias agimus tibi propter magnam gloriam tuam, Domine Deus, Rex cælestis, Deus Pater omnipotens. Domine Fili unigenite, Iesu Christe, Domine Deus, Agnus Dei, Filius Patris, qui tollis peccata mundi, miserere nobis; qui tollis peccata mundi, suscipe deprecationem nostram. Qui sedes ad dexteram Patris, miserere nobis.
Quoniam tu solus Sanctus, tu solus Dominus, tu solus Altissimus,
Iesu Christe, cum Sancto Spiritu : in gloria Dei Patris. Amen.

Prière d'ouverture

Voir à la date du jour.

LITURGIE DE LA PAROLE

Voir à la date du jour.

Profession de foi

Symbole de Nicée-Constantinople

Je crois en un seul Dieu, le Père tout-puissant,
créateur du ciel et de la terre, de l'univers visible et invisible.
Je crois en un seul Seigneur, Jésus Christ, le Fils unique de Dieu,
né du Père avant tous les siècles : il est Dieu, né de Dieu,
lumière née de la lumière, vrai Dieu, né du vrai Dieu,
engendré, non pas créé, consubstantiel au Père, et par lui tout a été fait.
Pour nous les hommes, et pour notre salut, il descendit du ciel ;
par l'Esprit Saint, il a pris chair de la Vierge Marie, et s'est fait homme.
Crucifié pour nous sous Ponce Pilate,
il souffrit sa passion et fut mis au tombeau.
Il ressuscita le troisième jour, conformément aux Écritures,
et il monta au ciel ; il est assis à la droite du Père.
Il reviendra dans la gloire, pour juger les vivants et les morts ;
et son règne n'aura pas de fin.
Je crois en l'Esprit Saint, qui est Seigneur et qui donne la vie ;
il procède du Père et du Fils ; avec le Père et le Fils,
il reçoit même adoration et même gloire ; il a parlé par les prophètes.
Je crois en l'Église, une, sainte, catholique et apostolique.
Je reconnais un seul baptême pour le pardon des péchés.
J'attends la résurrection des morts, et la vie du monde à venir. Amen.

Credo in unum Deum, Patrem omnipotentem,
Factorem cœli et terræ, visibilium omnium et invisibilium.
Et in unum Dominum Iesum Christum, Filium Dei unigenitum,
et ex Patre natum ante omnia sæcula.
Deum de Deo, lumen de lumine, Deum verum de Deo vero, genitum,
non factum, consubstantialem Patri : per quem omnia facta sunt.
Qui propter nos homines et propter nostram salutem descendit de cælis.
Et incarnatus est de Spiritu Sancto ex Maria Virgine, et homo factus est.
Crucifixus etiam pro nobis sub Pontio Pilato ;
passus et sepultus est, et resurrexit tertia die, secundum Scripturas,
et ascendit in cælum, sedet ad dexteram Patris.
Et iterum venturus est cum gloria, iudicare vivos et mortuos,
cuius regni non erit finis.
Et in Spiritum Sanctum, Dominum et vivificantem :
qui ex Patre Filioque procedit.
Qui cum Patre et Filio simul adoratur et conglorificatur :
qui locutus est per prophetas.
Et unam, sanctam, catholicam et apostolicam Ecclesiam.
Confiteor unum baptisma in remissionem peccatorum.
Et exspecto resurrectionem mortuorum, et vitam venturi sæculi.
Amen.

Symbole des Apôtres

Je crois en Dieu, le Père tout-puissant, créateur du ciel et de la terre.
Et en Jésus Christ, son Fils unique, notre Seigneur,
qui a été conçu du Saint-Esprit, est né de la Vierge Marie,
a souffert sous Ponce Pilate, a été crucifié, est mort et a été enseveli,
est descendu aux enfers, le troisième jour est ressuscité des morts,
est monté aux cieux, est assis à la droite de Dieu le Père tout-puissant,
d'où il viendra juger les vivants et les morts.
Je crois en l'Esprit Saint, à la sainte Église catholique,
à la communion des saints, à la rémission des péchés,
à la résurrection de la chair, à la vie éternelle. Amen.

Prière universelle

LITURGIE EUCHARISTIQUE

Préparation des dons

Tu es béni, Seigneur, Dieu de l'univers : nous avons reçu de ta bonté le pain
que nous te présentons, fruit de la terre et du travail des hommes ;
il deviendra pour nous le pain de la vie. ***—Béni soit Dieu, maintenant et toujours !***

Comme cette eau se mêle au vin pour le sacrement de l'Alliance,
puissions-nous être unis à la divinité de celui qui a voulu prendre notre humanité.

Tu es béni, Seigneur, Dieu de l'univers : nous avons reçu de ta bonté le vin
que nous te présentons, fruit de la vigne et du travail des hommes ;
il deviendra pour nous le vin du Royaume éternel.
—Béni soit Dieu, maintenant et toujours !

Le cœur humble et contrit, nous te supplions, Seigneur, accueille-nous : que notre sacrifice, en ce jour, trouve grâce devant toi, Seigneur notre Dieu. Lave-moi de mes fautes, Seigneur, et purifie-moi de mon péché.

Prière sur les offrandes

Priez, frères et sœurs : que mon sacrifice, qui est aussi le vôtre, soit agréable à Dieu le Père tout-puissant.

— Que le Seigneur reçoive de vos mains ce sacrifice à la louange et à la gloire de son nom, pour notre bien et celui de toute l'Église.

Ou bien :

Prions ensemble, au moment d'offrir le sacrifice de toute l'Église.

— Pour la gloire de Dieu et le salut du monde.

Prière eucharistique

Le Seigneur soit avec vous. ***— Et avec votre esprit.***

Élevons notre cœur. ***— Nous le tournons vers le Seigneur.***

Rendons grâce au Seigneur notre Dieu. ***— Cela est juste et bon.***

Préfaces

1re préface du Carême

La signification spirituelle du Carême

Vraiment, il est juste et bon, pour ta gloire et notre salut, de t'offrir notre action de grâce, toujours et en tout lieu, Seigneur, Père très saint, Dieu éternel et tout-puissant, par le Christ, notre Seigneur. Car chaque année, tu accordes à tes fidèles de se préparer aux fêtes pascales dans la joie d'un cœur purifié ; de sorte qu'en s'adonnant à une prière plus fervente et à une charité plus active, fidèles aux sacrements qui les ont fait renaître, ils soient comblés de la grâce que tu réserves à tes enfants. C'est pourquoi, avec les anges et les archanges, avec les puissances d'en haut et tous les esprits bienheureux, nous chantons l'hymne de ta gloire et sans fin nous proclamons : ***Saint ! Saint ! Saint...***

2e préface du Carême

L'esprit de pénitence

Vraiment, il est juste et bon, pour ta gloire et notre salut, de t'offrir notre action de grâce, toujours et en tout lieu, Seigneur, Père très saint, Dieu éternel et tout-puissant. Tu offres à tes enfants ce temps de grâce pour qu'ils retrouvent la pureté du cœur, afin que, l'esprit libéré des passions mauvaises, ils travaillent à ce monde qui passe, en s'attachant surtout aux réalités qui demeurent. C'est pourquoi, avec les saints et tous les anges, nous te louons et sans fin nous proclamons : ***Saint ! Saint ! Saint...***

3e préface du Carême

Les bienfaits de l'abstinence

Vraiment, il est juste et bon, pour ta gloire et notre salut, de t'offrir notre action de grâce, toujours et en tout lieu, Seigneur, Père très saint, Dieu éternel et tout-puissant. Tu as voulu que nous te rendions grâce par nos privations : elles rabaissent notre orgueil de pécheurs et nous invitent à suivre l'exemple de ta bonté en nous faisant partager avec ceux qui ont faim. C'est pourquoi, avec les anges innombrables, d'une seule voix nous célébrons ta louange en proclamant : ***Saint ! Saint ! Saint...***

4e préface du Carême

Les bienfaits du jeûne

Vraiment, il est juste et bon, pour ta gloire et notre salut, de t'offrir notre action de grâce, toujours et en tout lieu, Seigneur, Père très saint, Dieu éternel et tout-puissant. Car tu veux par notre jeûne et nos privations, réprimer nos penchants mauvais, élever nos esprits, nous donner la force et enfin la récompense, par le Christ, notre Seigneur. Par lui, les anges célèbrent ta grandeur, et les esprits bienheureux adorent ta gloire ; par lui s'inclinent devant toi les puissances d'en haut et tressaillent d'une même allégresse les innombrables créatures des cieux. À leur hymne de louange, laisse-nous joindre nos voix pour chanter et proclamer : ***Saint ! Saint ! Saint...***

5e préface des dimanches

La Création

Vraiment, il est juste et bon, pour ta gloire et notre salut, de t'offrir notre action de grâce, toujours et en tout lieu, Seigneur, Père très saint, Dieu éternel et tout-puissant. Toi, le Créateur de tous les éléments du monde, Maître des temps et de l'histoire, tu as formé l'homme à ton image et lui as soumis l'univers et ses merveilles ; tu lui as confié ta création afin qu'il en soit le gardien et qu'en admirant ton œuvre il ne cesse de te rendre grâce, par le Christ, notre Seigneur. C'est pourquoi nous te louons avec tous les anges et, dans la joie, nous te célébrons en proclamant : ***Saint ! Saint ! Saint...***

6e préface des dimanches

Les arrhes de la Pâque éternelle

Vraiment, il est juste et bon, pour ta gloire et notre salut, de t'offrir notre action de grâce, toujours et en tout lieu, Seigneur, Père très saint, Dieu éternel et tout-puissant. C'est en toi que nous sont donnés la vie, le mouvement et l'être ; dans notre corps, nous éprouvons chaque jour les effets de ta tendresse, et nous avons déjà la promesse de la vie éternelle : nous avons reçu les premiers dons de l'Esprit par qui tu as ressuscité Jésus d'entre les morts, et nous tenons cette espérance que vive à jamais en nous le mystère de Pâques. C'est pourquoi nous te louons avec tous les anges et, dans la joie, nous te célébrons en proclamant : ***Saint ! Saint ! Saint…***

7e préface des dimanches

Sauvés par l'obéissance du Christ

Vraiment, il est juste et bon, pour ta gloire et notre salut, de t'offrir notre action de grâce, toujours et en tout lieu, Seigneur, Père très saint, Dieu éternel et tout-puissant. Dans ta miséricorde, tu as tellement aimé le monde que tu nous as envoyé le Rédempteur ; tu l'as voulu à notre ressemblance en toute chose à l'exception du péché, afin d'aimer en nous ce que tu aimais en lui ; tes dons que nous avions perdus par la désobéissance du péché, nous les retrouvons par l'obéissance de ton Fils. C'est pourquoi, avec les anges et tous les saints, nous te louons, Seigneur, et nous exultons de joie en proclamant : ***Saint ! Saint ! Saint…***

4e préface commune

La louange, don de Dieu

Vraiment, il est juste et bon, pour ta gloire et notre salut, de t'offrir notre action de grâce, toujours et en tout lieu, Seigneur, Père très saint, Dieu éternel et tout-puissant. Tu n'as pas besoin de notre louange, et pourtant c'est toi qui nous donnes de répondre à tes bienfaits en te rendant grâce : nos chants n'ajoutent rien à ce que tu es, mais nous font progresser vers le salut, par le Christ notre Seigneur. C'est pourquoi, unissant nos voix à celles des anges, nous te louons dans la joie en proclamant : ***Saint ! Saint ! Saint…***

5e préface commune

Proclamation du mystère du Christ

Vraiment, il est juste et bon, pour ta gloire et notre salut, de t'offrir notre action de grâce, toujours et en tout lieu, Seigneur, Père très saint, Dieu éternel et tout-puissant, par le Christ, notre Seigneur. Le rappel de sa mort provoque notre amour, l'annonce de sa résurrection ravive notre foi, et l'attente de sa venue dans la gloire affermit notre espérance. C'est pourquoi, avec les saints et tous les anges, nous te louons et sans fin nous proclamons : ***Saint ! Saint ! Saint…***

2e préface de la Vierge Marie

L'Église loue Dieu avec les paroles de Marie

Vraiment, Père très saint, il est juste et bon, pour ta gloire et notre salut, de te proclamer admirable dans le triomphe de tous les saints, et, plus encore, de dire la grandeur de ta bonté pour fêter la bienheureuse Vierge Marie, en reprenant son cantique d'action de grâce. Oui, tu as fait des merveilles pour la terre entière et tu as étendu ta miséricorde à tous les âges, en choisissant ton humble servante pour donner au monde le Sauveur, ton Fils, le Seigneur Jésus Christ. Par lui, les anges adorent ta majesté et se réjouissent en ta présence à jamais. À leur hymne de louange, laisse-nous joindre nos voix pour chanter et proclamer : ***Saint ! Saint ! Saint…***

2e préface des saints

Le rôle des saints

Vraiment, il est juste et bon, pour ta gloire et notre salut, de t'offrir notre action de grâce, toujours et en tout lieu, Seigneur, Père très saint, Dieu éternel et tout-puissant, par le Christ, notre Seigneur. Tu ne cesses de fortifier ton Église, et tu lui donnes une fécondité nouvelle par la foi admirable dont témoignent les saints ; tu nous présentes en eux des signes très sûrs de ton amour. Et pour que s'accomplissent les mystères du salut, le rayonnement de leur exemple nous stimule, et leur intercession fervente nous assure un appui. C'est pourquoi, avec les anges et tous les saints, nous te louons, Seigneur, et nous exultons de joie en proclamant :

Saint ! Saint ! Saint...

Préface des saints pasteurs

La présence des saints pasteurs dans l'Église

Vraiment, il est juste et bon, pour ta gloire et notre salut, de t'offrir notre action de grâce, toujours et en tout lieu, Seigneur, Père très saint, Dieu éternel et tout-puissant, par le Christ, notre Seigneur. Tu donnes à ton Église de se réjouir en la fête de saint (des saints) N. : par l'exemple qu'il a (qu'ils ont) donné, tu nous encourages, par son (leur) enseignement, tu nous éclaires, à sa (leur) prière, tu veilles sur nous. C'est pourquoi, avec la multitude des anges et des saints, nous chantons l'hymne de ta gloire et sans fin nous proclamons :

Saint ! Saint ! Saint...

2e préface des saints martyrs

Les merveilles de Dieu dans la victoire des martyrs

Vraiment, il est juste et bon, pour ta gloire et notre salut, de t'offrir notre action de grâce, toujours et en tout lieu, Seigneur, Père très saint, Dieu éternel et tout-puissant. En louant tes saints martyrs, c'est toi que nous exaltons, et leur passion révèle l'œuvre admirable de ta puissance : tu leur donnes, en ta bonté, de croire avec ardeur, de persévérer sans faiblir et de vaincre dans le combat, par le Christ notre Seigneur. C'est pourquoi le ciel et la terre t'adorent ; ils te chantent le cantique nouveau, et nous-mêmes, unissant notre voix à celle des anges, nous t'acclamons :

Saint ! Saint ! Saint...

Préface des saints et saintes, vierges et religieux

Signification de la vie consacrée

Vraiment, il est juste et bon, pour ta gloire et notre salut, de t'offrir notre action de grâce, toujours et en tout lieu, Seigneur, Père très saint, Dieu éternel et tout-puissant. Nous célébrons les prévenances de ton amour pour tant d'hommes et de femmes parvenus à la sainteté en se donnant au Christ à cause du royaume des Cieux. Par ce mystère d'alliance, tu veux que notre condition humaine retrouve sa splendeur première, et que, dès ici-bas, nous ayons un avant-goût des biens que tu nous donneras dans le monde à venir. C'est pourquoi, avec les saints et tous les anges, nous te louons et sans fin nous proclamons :

Saint ! Saint ! Saint, le Seigneur,
Dieu de l'univers !
Le ciel et la terre
sont remplis de ta gloire.
Hosanna au plus haut des cieux.
Béni soit celui qui vient
au nom du Seigneur.
Hosanna au plus haut des cieux.

Sanctus, Sanctus, Sanctus
Dominus Deus Sabaoth.
Pleni sunt cæli et terra gloria tua.
Hosanna in excelsis.
Benedictus qui venit
in nomine Domini.
Hosanna in excelsis.

• *Prière eucharistique 1*
« Toi, Père très aimant… » .... p. 224
• *Prière eucharistique 2*
« Toi qui es vraiment saint… » .... p. 228
• *Prière eucharistique 3*
« Tu es vraiment saint… » .... p. 231
• *Prière eucharistique 4*
« Père très saint… » .... p. 234

Prière eucharistique nº 1

(Préfaces : p. 217)

Toi, Père très aimant, nous te prions et te supplions par Jésus Christ, ton Fils, notre Seigneur, d'accepter et de bénir ✠ ces dons, ces offrandes, sacrifice pur et saint, que nous te présentons avant tout pour ta sainte Église catholique : accorde-lui la paix et protège-la, daigne la rassembler dans l'unité et la gouverner par toute la terre ; nous les présentons en union avec ton serviteur notre pape N., notre évêque N., et tous ceux qui gardent fidèlement la foi catholique reçue des Apôtres.

Souviens-toi, Seigneur, de tes serviteurs et de tes servantes (de N. et de N.), et de tous ceux qui sont ici réunis, dont tu connais la foi et l'attachement. Nous t'offrons pour eux, ou ils t'offrent pour eux-mêmes et tous les leurs ce sacrifice de louange, pour leur propre rédemption, pour la paix, et le salut qu'ils espèrent ; ils te rendent cet hommage, à toi, Dieu éternel, vivant et vrai.

(1) **En semaine :**

• Unis dans une même communion, vénérant d'abord la mémoire de la bienheureuse Marie toujours vierge, Mère de notre Dieu et Seigneur, Jésus Christ, •••

(2) **Le dimanche :**

• Unis dans une même communion, nous célébrons le jour où le Christ est ressuscité d'entre les morts ; et vénérant d'abord la mémoire de la bienheureuse Marie toujours vierge, Mère de notre Dieu et Seigneur, Jésus Christ, •••

(3) **Pour la Présentation au Temple :**

• Unis dans une même communion, nous célébrons le jour très saint où la Vierge Marie te présenta dans le Temple ton Fils unique, son enfant nouveau-né ; et vénérant d'abord la mémoire de cette Vierge bienheureuse, la Mère de notre Dieu et Seigneur, Jésus Christ, •••

••• et celle de saint Joseph, son époux, des bienheureux Apôtres et martyrs Pierre et Paul, André, [Jacques et Jean, Thomas, Jacques et Philippe, Barthélemy et Matthieu, Simon et Jude, Lin, Clet, Clément, Sixte, Corneille et Cyprien, Laurent, Chrysogone, Jean et Paul, Côme et Damien,] et de tous les saints, nous t'en supplions : accorde-nous, par leur prière et leurs mérites, d'être toujours et partout, forts de ton secours et de ta protection. [Par le Christ, notre Seigneur. Amen.]

Voici donc l'offrande que nous présentons devant toi, nous, tes serviteurs, et ta famille entière : Seigneur, dans ta bienveillance, accepte-la. Assure toi-même la paix de notre vie, arrache-nous à la damnation éternelle et veuille nous admettre au nombre de tes élus. [Par le Christ, notre Seigneur. Amen.]

Seigneur Dieu, nous t'en prions, daigne bénir et accueillir cette offrande, accepte-la pleinement, rends-la parfaite et digne de toi : qu'elle devienne pour nous le corps et le sang de ton Fils bien-aimé, Jésus, le Christ, notre Seigneur.

La veille de sa passion, il prit le pain dans ses mains très saintes et, les yeux levés au ciel, vers toi, Dieu, son Père tout-puissant, en te rendant grâce il dit la bénédiction, il rompit le pain, et le donna à ses disciples, en disant :
« Prenez, et mangez-en tous : ceci est mon corps livré pour vous. »
De même, après le repas, il prit cette coupe incomparable dans ses mains très saintes ; et, te rendant grâce à

nouveau, il dit la bénédiction, et donna la coupe à ses disciples, en disant : « Prenez, et buvez-en tous, car ceci est la coupe de mon sang, le sang de l'Alliance nouvelle et éternelle, qui sera versé pour vous et pour la multitude en rémission des péchés. Vous ferez cela en mémoire de moi. »

(1) Il est grand, le mystère de la foi :
– Nous annonçons ta mort, Seigneur Jésus, nous proclamons ta résurrection, nous attendons ta venue dans la gloire.

(2) Acclamons le mystère de la foi :
– Quand nous mangeons ce pain et buvons à cette coupe, nous annonçons ta mort, Seigneur ressuscité, et nous attendons que tu viennes.

(3) Qu'il soit loué, le mystère de la foi :
– Sauveur du monde, sauve-nous ! Par ta croix et ta résurrection, tu nous as libérés.

ou:
Proclamons le mystère de la foi :
– Gloire à toi qui étais mort, gloire à toi qui es vivant, notre Sauveur et notre Dieu : viens, Seigneur Jésus !

Mysterium fidei.
(1) – *Mortem tuam annuntiamus, Domine, et tuam resurrectionem confitemur, donec venias.*
(2) – *Quotiescumque manducamus panem hunc et calicem bibimus, mortem tuam annuntiamus, Domine, donec venias.*
(3) – *Salvator mundi, salva nos, qui per crucem et resurrectionem tuam liberasti nos.*

Voilà pourquoi nous, tes serviteurs, et ton peuple saint avec nous, faisant mémoire de la passion bienheureuse de ton Fils, Jésus, le Christ, notre Seigneur, de sa résurrection du séjour des morts et de sa glorieuse ascension dans le ciel, nous te présentons, Dieu de gloire et de majesté, cette offrande prélevée sur les biens que tu nous donnes, le sacrifice pur et saint, le sacrifice parfait, pain de la vie éternelle et coupe du salut. Et comme il t'a plu d'accueillir les présents de ton serviteur Abel le Juste, le sacrifice d'Abraham, notre père dans la foi, et celui que t'offrit Melkisédek, ton grand prêtre, oblation sainte et immaculée, regarde ces offrandes avec amour et, dans ta bienveillance, accepte-les. Nous t'en supplions, Dieu tout-puissant : qu'elles soient portées par les mains de ton saint Ange en présence de ta gloire, sur ton autel céleste, afin qu'en recevant ici, par notre communion à l'autel, le corps et le sang très saints de ton Fils, nous soyons comblés de la grâce et de toute bénédiction du ciel. [Par le Christ, notre Seigneur. Amen.]

Souviens-toi aussi, Seigneur, de tes serviteurs et de tes servantes (de N. et N.) qui nous ont précédés, marqués du signe de la foi, et qui dorment dans la paix. Pour eux et pour tous ceux qui reposent dans le Christ, nous implorons ta bonté, Seigneur : qu'ils demeurent dans la joie, la lumière et la paix. [Par le Christ, notre Seigneur. Amen.]

Et nous pécheurs, tes serviteurs, qui mettons notre espérance en ta miséricorde inépuisable, admets-nous dans la communauté des saints Apôtres et martyrs, avec Jean Baptiste, Étienne, Matthias et Barnabé, [Ignace, Alexandre, Marcellin et Pierre, Félicité et Perpétue, Agathe, Lucie, Agnès, Cécile, Anastasie,] et tous les saints ; nous t'en prions, accueille-nous dans leur compagnie, sans nous juger sur le mérite mais en accordant largement ton pardon. Par le Christ, notre Seigneur. Par lui, tu ne cesses de créer tous ces biens, tu les sanctifies, leur donnes la vie, les bénis, et nous en fais le don.

Prière eucharistique nº 2

Par lui, avec lui et en lui, à toi, Dieu le Père tout-puissant, dans l'unité du Saint-Esprit, tout honneur et toute gloire, pour les siècles des siècles.
— Amen.

Vient ensuite le rite de la communion, p. 238.

Prière eucharistique nº 2

(On peut aussi choisir une autre préface.)

Vraiment, Père très saint, il est juste et bon, pour ta gloire et notre salut, de t'offrir notre action de grâce, toujours et en tout lieu, par ton Fils bien-aimé, Jésus, le Christ : il est ta parole par qui tu as créé toutes choses ; c'est lui que tu nous as envoyé comme Rédempteur et Sauveur, Dieu fait homme, conçu de l'Esprit Saint, né de la Vierge Marie. Pour accomplir jusqu'au bout ta volonté et rassembler un peuple saint qui t'appartienne, il étendit les mains à l'heure de sa passion, afin de briser la mort, et de manifester la résurrection. C'est pourquoi, avec les anges et tous les saints, nous chantons ta gloire, et d'une seule voix nous proclamons :

Saint ! Saint ! Saint, le Seigneur, Dieu de l'univers ! Le ciel et la terre sont remplis de ta gloire. Hosanna au plus haut des cieux. Béni soit celui qui vient au nom du Seigneur.
Hosanna au plus haut des cieux.

(Voir p. 223 pour la version latine.)

(1) **En semaine :**

• Toi qui es vraiment saint, toi qui es la source de toute sainteté, Seigneur, nous te prions : •••

(2) **Le dimanche :**

• Toi qui es vraiment saint, toi qui es la source de toute sainteté, Dieu notre

Père, nous voici rassemblés devant toi, et, dans la communion de toute l'Église, nous célébrons le jour où le Christ est ressuscité d'entre les morts. Par lui que tu as élevé à ta droite, nous te prions : •••

(3) **Pour la Présentation au Temple :**
• Toi qui es vraiment saint, toi qui es la source de toute sainteté, Dieu notre Père, nous voici rassemblés devant toi et, dans la communion de toute l'Église, nous célébrons le jour très saint où la Vierge Marie te présenta dans le Temple son enfant nouveau-né, ton Fils unique, notre Seigneur. Par lui, lumière née de ta lumière, nous te prions : •••

••• Sanctifie ces offrandes en répandant sur elles ton Esprit ; qu'elles deviennent pour nous le corps et ✠ le sang de Jésus, le Christ, notre Seigneur.

Au moment d'être livré et d'entrer librement dans sa passion, il prit le pain, il rendit grâce, il le rompit et le donna à ses disciples, en disant : « Prenez, et mangez-en tous : ceci est mon corps livré pour vous. »
De même, après le repas, il prit la coupe ; de nouveau il rendit grâce, et la donna à ses disciples, en disant : « Prenez, et buvez-en tous, car ceci est la coupe de mon sang, le sang de l'Alliance nouvelle et éternelle, qui sera versé pour vous et pour la multitude en rémission des péchés. Vous ferez cela en mémoire de moi. »

(1) Il est grand, le mystère de la foi :
— Nous annonçons ta mort, Seigneur Jésus, nous proclamons ta résurrection, nous attendons ta venue dans la gloire.

(2) Acclamons le mystère de la foi :
— Quand nous mangeons ce pain et buvons à cette coupe, nous annonçons

ta mort, Seigneur ressuscité,
et nous attendons que tu viennes.

(3) Qu'il soit loué, le mystère de la foi :
— Sauveur du monde, sauve-nous !
Par ta croix et ta résurrection,
tu nous as libérés.
ou
Proclamons le mystère de la foi :
— Gloire à toi qui étais mort, gloire à toi qui es vivant, notre Sauveur et notre Dieu : viens, Seigneur Jésus !

(Voir p. 226 pour la version latine)

En faisant ainsi mémoire de la mort et de la résurrection de ton Fils, nous t'offrons, Seigneur, le pain de la vie et la coupe du salut, et nous te rendons grâce, car tu nous as estimés dignes de nous tenir devant toi pour te servir. Humblement, nous te demandons qu'en ayant part au corps et au sang du Christ, nous soyons rassemblés par l'Esprit Saint en un seul corps.

Souviens-toi, Seigneur, de ton Église répandue à travers le monde : fais-la grandir dans ta charité en union avec notre pape N., notre évêque N., et tous les évêques, les prêtres et les diacres.

Souviens-toi aussi de nos frères et sœurs qui se sont endormis dans l'espérance de la résurrection, et souviens-toi, dans ta miséricorde, de tous les défunts : accueille-les dans la lumière de ton visage.

Sur nous tous enfin, nous implorons ta bonté : permets qu'avec la Vierge Marie, la bienheureuse Mère de Dieu, avec saint Joseph, son époux, les Apôtres et tous les saints qui ont fait ta joie au long des âges, nous ayons part à la vie éternelle et que nous chantions ta louange et ta gloire, par ton Fils Jésus, le Christ.

Par lui, avec lui et en lui, à toi, Dieu le Père tout-puissant, dans l'unité du Saint-Esprit, tout honneur et toute gloire, pour les siècles des siècles.
— Amen.

Vient ensuite le rite de la communion, p. 238.

Prière eucharistique nº 3

(Préfaces : p. 217)

Tu es vraiment saint, Dieu de l'univers, et il est juste que toute la création proclame ta louange, car c'est toi qui donnes la vie, c'est toi qui sanctifies toutes choses, par ton Fils, Jésus Christ, notre Seigneur, avec la puissance de l'Esprit Saint ; et tu ne cesses de rassembler ton peuple, afin que, du levant au couchant du soleil, une offrande pure soit présentée à ton nom.

(1) **En semaine :**

• C'est pourquoi nous te supplions, Seigneur, de consacrer toi-même les offrandes que nous apportons : •••

(2) **Le dimanche :**

• C'est pourquoi nous voici rassemblés devant toi, Dieu notre Père, et, dans la communion de toute l'Église, nous célébrons le jour où le Christ est ressuscité d'entre les morts. Par lui, que tu as élevé à ta droite, nous te supplions de consacrer toi-même les offrandes que nous apportons : •••

(3) **Pour la Présentation au Temple :**

• C'est pourquoi nous voici rassemblés devant toi, Dieu notre Père, et, dans la communion de toute l'Église, nous célébrons le jour où la Vierge Marie te présenta dans le Temple son enfant nouveau-né, ton Fils unique, notre Seigneur. Par lui, lumière née de ta lumière, nous te supplions de consacrer toi-même les offrandes que nous apportons : •••

••• Sanctifie-les par ton Esprit pour qu'elles deviennent le corps ✢ et le sang de ton Fils, Jésus Christ, notre Seigneur, qui nous a dit de célébrer ce mystère.

La nuit même où il fut livré, il prit le pain, en te rendant grâce il dit la bénédiction, il rompit le pain, et le donna à ses disciples, en disant : « Prenez, et mangez-en tous : ceci est mon corps livré pour vous. »
De même, après le repas, il prit la coupe ; en te rendant grâce il dit la bénédiction, et donna la coupe à ses disciples, en disant : « Prenez, et buvez-en tous, car ceci est la coupe de mon sang, le sang de l'Alliance nouvelle et éternelle, qui sera versé pour vous et pour la multitude en rémission des péchés. Vous ferez cela en mémoire de moi. »

(1) Il est grand, le mystère de la foi :
— *Nous annonçons ta mort, Seigneur Jésus, nous proclamons ta résurrection, nous attendons ta venue dans la gloire.*

(2) Acclamons le mystère de la foi :
— *Quand nous mangeons ce pain et buvons à cette coupe, nous annonçons ta mort, Seigneur ressuscité, et nous attendons que tu viennes.*

(3) Qu'il soit loué, le mystère de la foi :
— *Sauveur du monde, sauve-nous ! Par ta croix et ta résurrection, tu nous as libérés.*

ou:

Proclamons le mystère de la foi :
— *Gloire à toi qui étais mort, gloire à toi qui es vivant, notre Sauveur et notre Dieu : viens, Seigneur Jésus !*

(Voir p. 226 pour la version latine.)

En faisant ainsi mémoire de ton Fils, de sa passion qui nous sauve, de sa glorieuse résurrection et de son ascension dans le ciel, alors que nous attendons son dernier avènement, nous t'offrons, Seigneur, en action de grâce, ce sacrifice vivant et saint. Regarde, nous t'en prions, l'oblation de ton Église, et daigne y reconnaître ton Fils qui, selon ta volonté, s'est offert en sacrifice pour nous réconcilier avec toi. Quand nous serons nourris de son corps et de son sang, et remplis de l'Esprit Saint, accorde-nous d'être un seul corps et un seul esprit dans le Christ.

Que l'Esprit Saint fasse de nous une éternelle offrande à ta gloire, pour que nous obtenions un jour l'héritage promis, avec tes élus : en premier lieu la bienheureuse Vierge Marie, Mère de Dieu, avec saint Joseph, son époux, les bienheureux Apôtres, les glorieux martyrs, (saint N.) et tous les saints, qui ne cessent d'intercéder auprès de toi et nous assurent de ton secours.

Et maintenant nous te supplions, Seigneur : par le sacrifice qui nous réconcilie avec toi, étends au monde entier le salut et la paix. Affermis ton Église, en pèlerinage sur la terre, dans la foi et la charité, en union avec ton serviteur notre pape N., et notre évêque N., l'ensemble des évêques, les prêtres, les diacres, et tout le peuple que tu as racheté. Écoute, en ta bonté, les prières de ta famille, que tu as voulu rassembler devant toi. Dans ta miséricorde, ramène à toi, Père très aimant, tous tes enfants dispersés.

Pour nos frères et sœurs défunts, et pour tous ceux qui ont quitté ce monde et trouvent grâce devant toi, nous te prions : en ta bienveillance, accueille-les dans ton Royaume, où nous espérons être comblés de ta gloire, tous ensemble et pour l'éternité, par le Christ, notre

Seigneur, par qui tu donnes au monde toute grâce et tout bien.

Par lui, avec lui et en lui, à toi, Dieu le Père tout-puissant, dans l'unité du Saint-Esprit, tout honneur et toute gloire, pour les siècles des siècles.
– Amen.

Vient ensuite le rite de la communion, p. 238.

Prière eucharistique nº 4

Vraiment, il est bon de te rendre grâce, il est juste et bon de te glorifier, Père très saint, car tu es le seul Dieu, le Dieu vivant et vrai : toi qui es avant tous les siècles, tu demeures éternellement, lumière au-delà de toute lumière. Toi, le Dieu de bonté, la source de la vie, tu as fait le monde pour que toute créature soit comblée de tes bénédictions, et que beaucoup se réjouissent de l'éclat de ta lumière. Ainsi, la foule innombrable des anges qui te servent jour et nuit se tiennent devant toi, et, contemplant la splendeur de ta face, n'interrompent jamais leur louange. Unis à leur hymne d'allégresse, avec la création tout entière qui t'acclame par nos voix, Dieu, nous te chantons (louons) :

Saint ! Saint ! Saint, le Seigneur,
Dieu de l'univers !
Le ciel et la terre
sont remplis de ta gloire.
Hosanna au plus haut des cieux.
Béni soit celui qui vient
au nom du Seigneur.
Hosanna au plus haut des cieux.

(Voir p. 223 pour la version latine.)

Père très saint, nous proclamons que tu es grand et que tu as fait toutes choses avec sagesse et par amour : tu as créé l'homme à ton image et tu lui as confié l'univers, afin qu'en te servant, toi seul, son Créateur, il règne sur la création. Comme il avait perdu ton amitié par sa désobéissance, tu ne l'as pas abandonné au pouvoir de la mort. Dans ta miséricorde, tu es venu en aide à tous les hommes pour qu'ils te cherchent et puissent te trouver. Tu as multiplié les alliances avec eux, et tu les as formés, par les prophètes, dans l'espérance du salut. Tu as tellement aimé le monde, Père très saint, que tu nous as envoyé ton Fils unique, lorsque les temps furent accomplis, pour qu'il soit notre Sauveur. Dieu fait homme, conçu de l'Esprit Saint, né de la Vierge Marie, il a vécu notre condition humaine en toute chose, excepté le péché, annonçant aux pauvres la bonne nouvelle du salut ; aux captifs, la délivrance ; aux affligés, la joie. Pour accomplir le dessein de ton amour, il s'est livré lui-même à la mort, et, par sa résurrection, il a détruit la mort et renouvelé la vie. Afin que désormais notre vie ne soit plus à nous-mêmes, mais à lui qui est mort et ressuscité pour nous, il a envoyé d'auprès de toi, Père, comme premier don fait aux croyants, l'Esprit Saint qui continue son œuvre dans le monde et achève toute sanctification.

Que ce même Esprit Saint, nous t'en prions, Seigneur, sanctifie ces offrandes : qu'elles deviennent ainsi le corps ✣ et le sang de notre Seigneur Jésus, le Christ, dans la célébration de ce grand mystère, que lui-même nous a laissé en signe de l'Alliance éternelle.

Quand l'heure fut venue où tu allais le glorifier, Père très saint, comme il avait aimé les siens qui étaient dans le monde, il les aima jusqu'au bout : pendant le repas qu'il partageait avec eux, il prit le pain, dit la bénédiction, le rompit et le donna à ses disciples, en disant : « Prenez, et mangez-en tous : ceci est mon corps livré pour vous. » De même, il prit la coupe remplie de vin, il rendit grâce, et la donna à ses disciples, en disant : « Prenez, et buvez-en tous, car ceci est la coupe de mon sang, le sang de l'Alliance nouvelle et éternelle, qui sera versé pour vous et pour la multitude en rémission des péchés. Vous ferez cela en mémoire de moi. »

(1) Il est grand, le mystère de la foi :
– Nous annonçons ta mort, Seigneur Jésus, nous proclamons ta résurrection, nous attendons ta venue dans la gloire.

(2) Acclamons le mystère de la foi :
– Quand nous mangeons ce pain et buvons à cette coupe, nous annonçons ta mort, Seigneur ressuscité,
et nous attendons que tu viennes.

(3) Qu'il soit loué, le mystère de la foi :
– Sauveur du monde, sauve-nous !
Par ta croix et ta résurrection,
tu nous as libérés.

ou :

Proclamons le mystère de la foi :
– Gloire à toi qui étais mort, gloire à toi qui es vivant, notre Sauveur et notre Dieu : viens, Seigneur Jésus !

(Voir p. 226 pour la version latine.)

Voilà pourquoi, Seigneur, nous célébrons aujourd'hui le mémorial de notre rédemption : en rappelant la mort du Christ et sa descente au séjour des morts, en proclamant sa résurrection et son ascension à ta droite, en attendant sa venue dans la gloire, nous t'offrons son corps et son sang, le sacrifice qui est digne de toi et qui sauve le monde entier. Regarde, Seigneur, celui qui s'offre dans le sacrifice que toi-même as préparé pour ton Église, et, dans ta bonté, accorde à tous ceux qui vont partager ce pain et boire à cette coupe d'être rassemblés par l'Esprit Saint en un seul corps, pour qu'ils deviennent eux-mêmes dans le Christ une vivante offrande à la louange de ta gloire.

Et maintenant, Seigneur, rappelle-toi tous ceux pour qui nous offrons le sacrifice : en premier lieu, ton serviteur notre pape N., notre évêque N., et l'ensemble des évêques, les prêtres et les diacres, les fidèles qui présentent cette offrande, les membres de notre assemblée, le peuple entier qui t'appartient, et tous ceux qui te cherchent avec droiture.

Souviens-toi aussi de ceux qui sont morts dans la paix du Christ, et de tous les défunts dont toi seul connais la foi.

À nous qui sommes tes enfants, accorde, Père très bon, l'héritage de la vie éternelle auprès de la Vierge Marie, la bienheureuse Mère de Dieu, auprès de saint Joseph, son époux, des Apôtres et de tous les saints, dans ton Royaume. Nous pourrons alors, avec la création tout entière, enfin libérée de la corruption du péché et de la mort, te glorifier par le Christ, notre Seigneur, par qui tu donnes au monde toute grâce et tout bien.

Par lui, avec lui et en lui, à toi, Dieu le Père tout-puissant, dans l'unité du Saint-Esprit, tout honneur et toute gloire, pour les siècles des siècles.

— Amen.

Vient ensuite le rite de la communion, p. 238.

RITE DE LA COMMUNION

Notre Père

(1) Comme nous l'avons appris du Sauveur, et selon son commandement, nous osons dire :

(2) Unis dans le même Esprit, nous pouvons dire avec confiance la prière que nous avons reçue du Sauveur :

Notre Père qui es aux cieux, que ton nom soit sanctifié,
que ton règne vienne, que ta volonté soit faite sur la terre comme au ciel.
Donne-nous aujourd'hui notre pain de ce jour. Pardonne-nous nos offenses,
comme nous pardonnons aussi à ceux qui nous ont offensés.
Et ne nous laisse pas entrer en tentation, mais délivre-nous du Mal.

(3) *Præceptis salutaribus moniti, et divina institutione formati, audemus dicere : Pater noster, qui es in cælis : sanctificetur nomen tuum ; adveniat regnum tuum ; fiat voluntas tua, sicut in cælo, et in terra. Panem nostrum cotidianum da nobis hodie ; et dimitte nobis debita nostra, sicut et nos dimittimus debitoribus nostris ; et ne nos inducas in tentationem ; sed libera nos a malo.*

Délivre-nous de tout mal, Seigneur, et donne la paix à notre temps : soutenus par ta miséricorde, nous serons libérés de tout péché, à l'abri de toute épreuve, nous qui attendons que se réalise cette bienheureuse espérance : l'avènement de Jésus Christ, notre Sauveur.

— Car c'est à toi qu'appartiennent le règne,
la puissance et la gloire pour les siècles des siècles !

Échange de la paix

Seigneur Jésus Christ, tu as dit à tes Apôtres : « Je vous laisse la paix, je vous donne ma paix » ; ne regarde pas nos péchés mais la foi de ton Église ; pour que ta volonté s'accomplisse, donne-lui toujours cette paix, et conduis-la vers l'unité parfaite, toi qui vis et règnes pour les siècles des siècles. **– *Amen.***

Que la paix du Seigneur soit toujours avec vous. **– *Et avec votre esprit.***

Dans la charité du Christ, donnez-vous la paix.

Fraction du pain

Que le corps et le sang de notre Seigneur Jésus Christ, réunis dans cette coupe, nourrissent en nous la vie éternelle.

Agneau de Dieu

Agneau de Dieu, qui enlèves les péchés du monde, prends pitié de nous. *(bis)*
Agneau de Dieu, qui enlèves les péchés du monde, donne-nous la paix.

Agnus Dei, qui tollis peccata mundi, miserere nobis. (bis)
Agnus Dei, qui tollis peccata mundi, dona nobis pacem.

Communion

(1) Seigneur Jésus Christ, Fils du Dieu vivant, selon la volonté du Père et avec la puissance du Saint-Esprit, tu as donné, par ta mort, la vie au monde ; que ton corps et ton sang très saints me délivrent de mes péchés et de tout mal ; fais que je demeure fidèle à tes commandements et que jamais je ne sois séparé de toi.

(2) Seigneur Jésus Christ, que cette communion à ton corps et à ton sang n'entraîne pour moi ni jugement ni condamnation ; mais que, par ta bonté, elle soutienne mon esprit et mon corps et me donne la guérison.

Voici l'Agneau de Dieu, voici celui qui enlève les péchés du monde.
Heureux les invités au repas des noces de l'Agneau !
– Seigneur, je ne suis pas digne de te recevoir ;
mais dis seulement une parole, et je serai guéri.

Chant de communion *ou antienne de la communion.*

Prière après la communion *voir à la date du jour.*

RITE DE CONCLUSION

Le Seigneur soit avec vous.
– Et avec votre esprit.
Que Dieu tout-puissant vous bénisse, le Père, et le Fils, + et le Saint-Esprit.
– Amen.

Puis le diacre, ou le prêtre lui-même, les mains jointes, tourné vers l'assemblée, dit :

(1) Allez, dans la paix du Christ.
(2) Allez porter l'Évangile du Seigneur.
(3) Allez en paix, glorifiez le Seigneur par votre vie.
(4) Allez en paix.
– Nous rendons grâce à Dieu.

Chants pour la célébration

es chants en rouge sont consultables à la page indiquée. **Les chants en noir** sont référencés avec leur cote SECLI.

	Ouverture	Renvoi	Communion / Action de grâce	Renvoi
5 fév.	Appelés enfants de Dieu Peuple de lumière Si le Père vous appelle	p. 243 T601 p. 242	Venez, approchons-nous Sel de la terre, lumière du monde Lumière pour l'homme aujourd'hui	p. 252 X41-50 EP61-3
12 fév.	Au cœur de ce monde À ce monde que tu fais Que vive mon âme à te louer	EA238-1 p. 244	Tu es le Dieu fidèle Approchons-nous de la table Marie, témoin d'une espérance	D163 p. 245 V23-07
19 fév.	Tenons en éveil la mémoire du Seigneur Dieu nous a tous appelés Rassemblés dans ta maison de lumière	p. 246 KD14-56-1 A63-74-2	Mon Père, je m'abandonne à toi Aimer, c'est tout donner Ubi caritas Deus ibi est	p. 248 X59-79 Taizé
26 fév.	Avec toi, nous irons au désert Peuple de l'Alliance Au désert avec toi, Jésus Christ	p. 247 G244 G52-81	T'approcher, Seigneur C'est par ta grâce Laissons-nous réconcilier	GP22-68-6 p. 250 R54-23

uggestions pour février 2023 proposées par Thibault Van Den Driessche, avec ChantonsenÉglise

Si le Père vous appelle (Ouverture)

O154-1 ; T. : D. Rimaud/CNPL ; M. : J. Berthier ; Studio SM.

Refrain : **Tressaillez de joie ! Tressaillez de joie !
Car vos noms sont inscrits pour toujours dans les cieux !
Tressaillez de joie ! Tressaillez de joie !
Car vos noms sont inscrits dans le cœur de Dieu !**

① Si le Père vous appelle à aimer comme il vous aime,
dans le feu de son Esprit, bienheureux êtes-vous !
Si le monde vous appelle à lui rendre une espérance,
à lui dire son salut, bienheureux êtes-vous !
Si l'Église vous appelle à peiner pour le Royaume,
aux travaux de la moisson, bienheureux êtes-vous !

② Si le Père vous appelle à la tâche des Apôtres,
en témoins du seul Pasteur, bienheureux êtes-vous !
Si le monde vous appelle à l'accueil et au partage
pour bâtir son unité, bienheureux êtes-vous !
Si l'Église vous appelle à répandre l'Évangile
en tout point de l'univers, bienheureux êtes-vous !

③ Si le Père vous appelle à quitter toute richesse
pour ne suivre que son Fils, bienheureux êtes-vous !
Si le monde vous appelle à lutter contre la haine
pour la quête de la paix, bienheureux êtes-vous !
Si l'Église vous appelle à tenir dans la prière,
Au service des pécheurs, bienheureux êtes-vous !

Appelés enfants de Dieu *(Ouverture)*

Y35-10; T. et M. : D.-M. David, L.-E. Labarthe; Éd. de L'Emmanuel.

Refrain : **Béni soit Dieu le Père de Jésus le Seigneur,**
par son Fils bien-aimé, il nous a tout donné.
Comme il est grand l'amour dont il nous a comblés
pour que nous soyons appelés « enfants de Dieu ».

① **Père saint, Dieu vivant et vrai, tu étais avant tous les siècles.**
Tu demeures éternellement, lumière au-delà de toute lumière.

② **Dieu très grand, source de la vie, tu as fait l'homme à ton image.**
Tu lui as confié l'univers, pour qu'en te servant, il règne sur terre.

③ **Dieu très bon, Père plein d'amour, nous étions perdus loin de toi.**
Tu es venu nous rechercher, tu nous as montré ta fidélité.

④ **En ces temps qui sont les derniers, en ton Fils, tu as tout donné.**
Il a pris notre humanité, pour que nous soyons tes fils bien-aimés.

⑤ **Pour que nos vies soient tout à lui, il nous a envoyé l'Esprit.**
Il demeure en chacun de nous ; soyons les témoins du Règne qui vient !

À ce monde que tu fais *(Ouverture)*

RT146-1 ; T. : D. Rimaud ; M. : J. Berthier ; CNPL/Studio SM.

① **À ce monde que tu fais chaque jour avec tendresse,**
donne un cœur de chair, donne un cœur nouveau !
À ce monde où tu voudrais plus de joie, moins de détresse,
donne un cœur de chair, donne un cœur nouveau !
À ce monde qui renaît s'il a foi en ta promesse,
donne un cœur de chair, donne un cœur nouveau !

Refrain : **Viennent les cieux nouveaux et la nouvelle terre que ta bonté nous donnera.**
Viennent les cieux nouveaux et la nouvelle terre où la justice habitera !

② **Sur les hommes qu'il t'a plu de créer à ton image,**
envoie ton Esprit, un Esprit nouveau !
Sur les hommes que l'on tue pour leur peau ou leur visage,
envoie ton Esprit, un Esprit nouveau !
Sur les hommes qui n'ont plus qu'à se taire sous l'outrage,
envoie ton Esprit, un Esprit nouveau !

③ **À ce monde traversé par la haine et la violence,**
donne un cœur de chair, donne un cœur nouveau !
À ce monde ravagé par la guerre et la souffrance,
donne un cœur de chair, donne un cœur nouveau !
À ce monde séparé de ses sources d'espérance,
donne un cœur de chair, donne un cœur nouveau !

④ Sur les hommes de ce temps que révolte la misère,
envoie ton Esprit, un Esprit nouveau !
Sur les hommes que tu prends dans le feu de ta prière,
envoie ton Esprit, un Esprit nouveau !
Sur les hommes que tu rends fraternels et solidaires,
envoie ton Esprit, un Esprit nouveau !

⑤ À l'Église que ton cœur engendra de sa blessure,
donne un cœur de chair, donne un cœur nouveau !
À l'Église toute en pleurs quand les frères se torturent,
donne un cœur de chair, donne un cœur nouveau !
À l'Église des pécheurs refusant sa déchirure,
donne un cœur de chair, donne un cœur nouveau !

Approchons-nous de la table (Communion)

D19-30 ; T. et M. : M. Dannaud ; Éd. de l'Emmanuel.

① Approchons-nous de la table où le Christ va s'offrir parmi nous.
Offrons-lui ce que nous sommes car le Christ va nous transformer en lui.

② Voici l'admirable échange où le Christ prend sur lui nos péchés.
Mettons-nous en sa présence, il nous revêt de sa divinité.

③ Père, nous te rendons grâce pour ton Fils Jésus Christ le Seigneur.
Par ton Esprit de puissance, rends-nous dignes de vivre de tes dons.

Tenons en éveil la mémoire du Seigneur (Ouverture)

C243-1 ; T. : D. Rimaud/© CNPL ; M. : J. Berthier ; ADF Studio SM.

Refrain : **Tenons en éveil la mémoire du Seigneur,**
gardons au cœur le souvenir de ses merveilles.

① **Notre Dieu fait toujours ce qui est bon pour l'homme. Alléluia, bénissons-le !**
Il engendre le corps des enfants de sa grâce. Alléluia, bénissons-le !
Pour lui rendre l'amour dont il aime le monde.

② **Notre Dieu a voulu voir en nous son image. Alléluia, bénissons-le !**
Sa tendresse nous dit de rechercher sa face. Alléluia, bénissons-le !
Pour lui rendre la joie dont l'Église est heureuse.

③ **Notre Dieu nous maintient au couvert de son ombre. Alléluia, bénissons-le !**
Il nous prend dans la nuit qui nous tourne vers Pâques. Alléluia, bénissons-le !
Pour lui rendre l'honneur que lui rendent les anges.

④ **Notre Dieu nous choisit pour sa Bonne Nouvelle. Alléluia, bénissons-le !**
Il suscite partout des énergies nouvelles. Alléluia, bénissons-le !
Pour lui rendre la vie qu'il nous donne à mains pleines.

⑤ **Notre Dieu nous permet de chanter sa louange. Alléluia, bénissons-le !**
Il écoute son Fils dans le cri de nos hymnes. Alléluia, bénissons-le !
Pour lui rendre la voix qu'il a mise en nos bouches.

Avec toi, nous irons au désert *(Ouverture)*

G229; T. : J. Servel; M. : J. Gelineau; Mame (Le Chalet).

① Seigneur, avec toi nous irons au désert,
poussés comme toi par l'Esprit. *(bis)*
Et nous mangerons la parole de Dieu,
et nous choisirons notre Dieu.
Et nous fêterons notre Pâque au désert :
nous vivrons le désert avec toi !

② Seigneur, nous irons au désert pour guérir,
poussés, comme toi, par l'Esprit. *(bis)*
Et tu ôteras de nos cœurs le péché,
et tu guériras notre mal.
Et nous fêterons notre Pâque au désert :
ô Vivant qui engendre la vie !

③ Seigneur, nous irons au désert pour prier,
poussés, comme toi, par l'Esprit. *(bis)*
Et nous goûterons le silence de Dieu,
et nous renaîtrons dans la joie.
Et nous fêterons notre Pâque au désert :
nous irons dans la force de Dieu !

Mon Père, je m'abandonne à toi (Action de grâce)

DEV226-3 ; T. : Saint Charles de Foucauld ; M. : M. Wackenheim ; Bayard.

Fa Rém Solm/si♭ Sol7 La
Dieu, a - vec tout l'a - mour de mon cœur, par - ce que je
Si♭ Do4 - 3 Fa/la Solm Do/sol
t'ai - me et que ce m'est un be - soin d'a - mour de me don -
Fa Rém/fa Rém Solm/si♭ Solm6 La
ner, de me re - mettre en - tre tes mains, sans me - su - re, a - vec une
Rém Si♭ Do Rém Lam Ré
in - fi - nie con - fian - ce, car tu es mon Pè - re.

C'est par ta grâce (Action de grâce)

EDIT18-31 ; T. et M. : Communauté de l'Emmanuel (L. Pavageau) ; Éd. de l'Emmanuel.

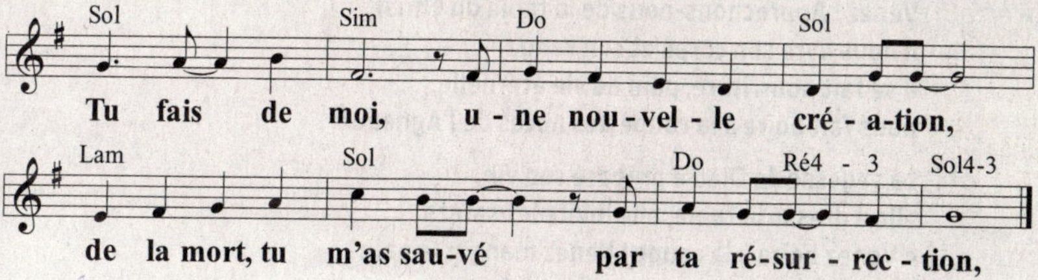

② Tu connais mes craintes, tu connais mes pensées.
Avant que je naisse, tu m'avais appelé.
Toujours tu pardonnes, d'un amour infini.
Ta miséricorde est un chemin de vie.

Venez, approchons-nous (Communion)

T. et M. : Communauté de l'Emmanuel (A. Dumont) ; Éd. de l'Emmanuel.

Refrain : **Venez ! Approchons-nous de la table du Christ,**
il nous livre son corps et son sang,
il se fait nourriture, pain de vie éternelle,
nous fait boire à la coupe des noces de l'Agneau !

1. **La sagesse de Dieu a préparé son vin,**
elle a dressé la table, elle invite les saints :
« Venez boire à la coupe ! Venez manger le pain !
Soyez la joie de Dieu, accourez au festin ! »

2. **Par le pain et le vin reçus en communion,**
voici le sacrifice qui nous rend à la vie.
Le sang de l'Alliance jaillit du cœur de Dieu,
quand le Verbe fait chair s'offre à nous sur la Croix.

3. **Dieu est notre berger, nous ne manquons de rien,**
sur des prés d'herbe fraîche, il nous fait reposer.
Il restaure notre âme, il nous garde du mal,
quand il dresse pour nous la table du salut.

4. **Au cours des premiers temps, lorsque le juste, Abel,**
offrit le sacrifice, signe du don parfait,
par la main de son frère, son sang fut répandu,
comme un cri d'innocent préfigurant Jésus.

CHANTS POUR L'ORDINAIRE

MESSE DE LA MISÉRICORDE

Kyrie

AL50-64 ; T. : AELF ; M. : C. J. Thil (« Messe de la Miséricorde ») ; Jubilus.

Saint le Seigneur

AL50-64; T. : AELF; M. : C.-J. Thil (« Messe de la Miséricorde »).

Agneau de Dieu

AL50-64 ; T. : AELF ; M. : C.-J. Thil (« Messe de la Miséricorde »).

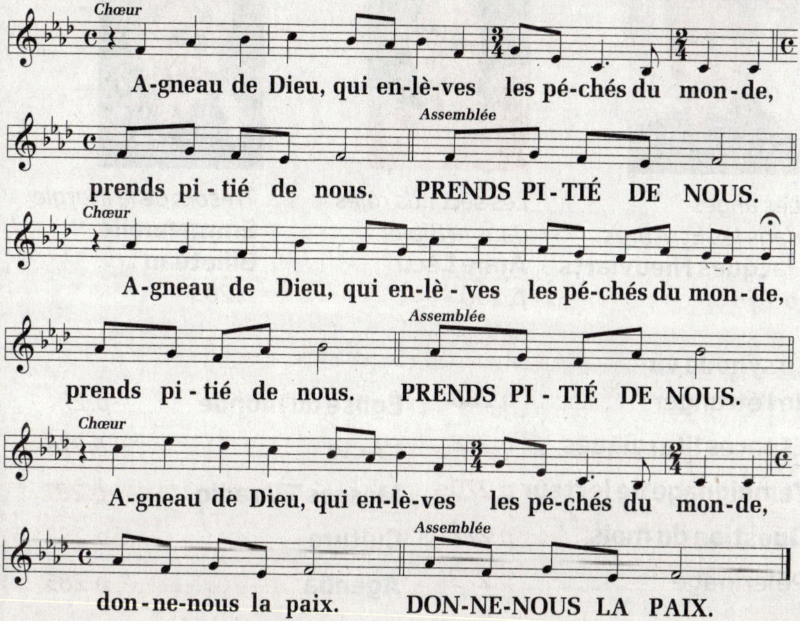

LES RENDEZ-VOUS DE FÉVRIER 2023

SOMMAIRE

Les anges dans les Écritures
Jacques Nieuviarts
p. 258

Les seconds rôles dans la Bible
Anne Lécu
p. 260

Trésors de la liturgie
Emmanuelle Billoteau
p. 263

ÉDITORIAL

L’affaire de tous

« Petit mois de par le nombre de ses jours, février n’en est pas moins un mois riche en évènements », rappelle le père Benoît dans son édito. Des petits qui sont grands, des fragiles qui sont forts, des malades qui ont la santé… dans ce numéro, nous avons mis en avant ces sortes de pauvreté qui se révèlent de vraies richesses. L’expérience de Marcel Duphil en Bolivie en est un exemple. Il nous confie ce moment où tout bascule dans sa vie de volontaire et où il découvre que le don est un échange entre ceux qui « ont » et ceux qui « manquent », tous réunis autour de la générosité. De même, lorsque Philippe Berrached partage avec nous comment l’Église en Belgique a vécu cette phase du synode. Là où un groupe de jeunes apporte un contrepoint inattendu à la synthèse réalisée par les évêques, demandant des pasteurs afin d’être nourris dans leur foi. Pourquoi après coup ? Pourquoi de cette manière ? Pourquoi des jeunes entre eux ? Dans tous les cas, l’écoute et la diversité assumée des uns et des autres sont parmi les plus grands défis révélés par ce synode dans ce pays. Oui, jeunes et vieux, expérimentés et débutants… nous avons besoin de toutes et de tous pour faire l’Église ! ■

Karem Bustica
Rédactrice en chef de Prions en Église

« Dans ce numéro, nous avons mis en avant ces sortes de pauvreté qui se révèlent de vraies richesses. »

LES ANGES DANS LES ÉCRITURES

Jacques Nieuviarts, prêtre assomptionniste

Les anges, précieux compagnons de Jacob

La Bible témoigne de façon tranquille de l'existence d'êtres célestes. Ils constituent très normalement un monde surnaturel qui relie celui de Dieu et celui des hommes.

Abraham, un jour, vit passer trois visiteurs près de sa tente en plein midi. Vision étrange à cette heure, comme l'est le passage insolite dans le récit du pluriel au singulier pour parler d'eux, comme pour signifier au lecteur d'être attentif et de comprendre qu'il s'agit d'une rencontre de Dieu. Abraham s'empresse à les accueillir et ils lui annoncent la venue d'un fils que Sarah portera, elle que l'on pensait depuis longtemps stérile (Gn 18, 1-15). Et Isaac naîtra, enfant de la promesse, car « rien n'est impossible à Dieu » (Lc 1, 37). L'épître aux Hébreux commentera : « N'oubliez pas l'hospitalité : elle a permis à certains, sans le savoir, de recevoir chez eux des anges » (He 13, 2). De même, au temps de Jacob. Celui-ci vola à Ésaü, par ruse, la bénédiction paternelle réservée à l'aîné, et Isaac son père la lui donna. Ésaü, fou de rage, était prêt à tuer son frère. Mais Isaac confirma la bénédiction et envoya son fils se réfugier au pays d'Aram d'où était originaire Rébecca. Ce fut alors pour Jacob une véritable épreuve initiatique : partir au-delà du fleuve, d'où vint un jour Abraham sur un appel de Dieu, de même que Rébecca, qui choisit ainsi le Dieu d'Abraham ! La suite du récit est magnifique : « Jacob [...] atteignit le lieu où il allait passer la nuit [...]. Il y prit une pierre pour la mettre sous sa tête, et dormit en ce lieu. » Et là, il eut un songe – ce qui est plus qu'un rêve, une visitation de Dieu ! : une échelle était dressée sur la terre et son sommet atteignait le ciel, des anges de Dieu y montaient et descendaient ! Ciel et terre se rejoignaient ainsi pour soutenir Jacob en chemin. Et le Seigneur renouvela pour lui la promesse faite à Abraham : « Je suis le Seigneur, le Dieu d'Abraham ton père, le Dieu d'Isaac. La terre sur laquelle tu es couché, je te la donne, à toi et à tes descendants. [Ils] seront nombreux comme la poussière du sol [...] ; en toi et en ta descendance seront bénies toutes les familles de la terre. » Jacob s'éveilla de son sommeil et dit : « En vérité, le Seigneur est en ce lieu ! Et moi, je ne le savais pas » (Gn 28, 5-17). Nos vies sont parfois moins imagées. Mais n'aurions-nous pas aussi de telles visions, nous assurant de la présence de Dieu sur nos propres chemins ?

« N'oubliez pas l'hospitalité : elle a permis à certains, sans le savoir, de recevoir chez eux des anges. » (He 13, 2)

Anne Lécu, dominicaine

Le Samaritain qui revient remercier Jésus

Des dix lépreux guéris par Jésus, un seul se retourne, un étranger. Cet anonyme vient nous rappeler que le salut est pour tous.

Luc rapporte une guérison toute particulière : des lépreux, dix, viennent trouver Jésus et le supplient, tout en se tenant à distance : « Jésus, maître, prends pitié de nous » (Lc 17, 13). Jésus ne les touche pas et ne leur demande rien d'autre que d'aller se montrer aux prêtres. Habituellement, c'est après avoir été guéri que l'on va se montrer aux prêtres. Mais eux ont suffisamment confiance en la parole de Jésus pour ne rien demander de plus, et ils s'en vont. Peut-être sont-ils désabusés, peut-être sont-ils déçus que Jésus ne fasse rien de plus. Peut-être certains font-ils mémoire du général Naaman, lui aussi guéri de sa lèpre par un simple bain dans le Jourdain, alors qu'il s'attendait à des choses compliquées et peut-être héroïques. Jésus ne demande rien de compliqué ni rien de magique à ceux qui viennent le trouver.

Luc nous dit que la guérison intervient en chemin. Comme si les pas de nos lépreux étaient un geste de confiance suffisant pour que l'inouï advienne. Parfois nos pas suffisent à dire notre foi. Sortir de chez soi, sortir avec les pieds même si le cœur n'y est pas, pour partager un moment avec un autre, cela dit mieux que tout l'état du cœur. Les pieds des lépreux ont fait une partie du travail et la grâce de Dieu a fait le reste.

Mais voilà, sur les dix, un seul revient remercier Jésus. Un étranger. Sans doute les neuf autres sont-ils allés voir les prêtres et offrir ce qu'il convient dans cette situation, prévue par le Lévitique. Le Samaritain, **...**

Première Alliance

« L'immigré qui réside avec vous sera parmi vous comme un Israélite de souche, et tu l'aimeras comme toi-même, car vous-mêmes avez été immigrés au pays d'Égypte. Je suis le Seigneur votre Dieu. » Lévitique 19, 34

... qui n'est pas lié de la même manière aux prescriptions de la Loi, trouve en lui le chemin pour remercier celui qui est la source de la Loi : Jésus le Seigneur. Ce Samaritain anonyme vient nous rappeler que le salut est pour tous, bien au-delà de nos frontières, de nos églises, et de nos groupes d'appartenance. Il a trouvé le véritable temple et s'y prosterne, comme en écho à la question de sa concitoyenne qui, dans l'Évangile selon Jean, se demandait : « Nos pères ont adoré sur la montagne qui est là, et vous, les Juifs, vous dites que le lieu où il faut adorer est à Jérusalem » (Jn 4, 20). À travers ces rencontres, l'enthousiasme de Jésus est toujours bouleversant, comme s'il ne cessait de s'émerveiller de la marche de Dieu avec les peuples du monde, au-delà du peuple élu, et toutes les confessions de foi. Alors Jésus relève l'homme prosterné.

S'il y a en nous un Samaritain qui sommeille, qui ne sait trop que croire et comment croire, mais accepte de se laisser retourner par Jésus, puisse-t-il entendre lui aussi : « Relève-toi et va : ta foi t'a sauvé » (Lc 17, 19). ■

Nouvelle Alliance

« Il ne s'est trouvé parmi eux que cet étranger pour revenir sur ses pas et rendre gloire à Dieu ! »

Luc 17, 18

TRÉSORS DE LA LITURGIE

Emmanuelle **Billoteau**, ermite

Une vie en devenir

La condition humaine est marquée par le temps : temps cosmique, temps historique avec sa succession d'événements et, pour chacun, le parcours de sa naissance à sa mort. Données que la liturgie assume pleinement en nous orientant vers l'accomplissement en Dieu, quand il « sera tout en tous » (1 Co 15, 28).

Loin de nous éloigner de notre aujourd'hui, avec ses temps vécus comme forts ou vides, la liturgie l'ancre dans le passé et l'oriente vers le futur. Elle fait mémoire de l'événement fondateur de notre foi – la résurrection de Jésus, vrai Dieu et vrai homme – et la mémoire de son retour à la fin des temps : « Nous annonçons ta mort, Seigneur Jésus, nous proclamons ta résurrection, nous attendons ta venue dans la gloire » (prière eucharistique). Par les différentes fêtes et les différents temps liturgiques, au rythme des semaines et des dimanches, elle contribue à « sacraliser » le temps et ainsi à nous inscrire dans un •••

... devenir que le Ressuscité accompagne, lui qui est « l'Alpha et l'Oméga » (Ap 1, 8), lui qui transcende la temporalité et pourtant a choisi de s'y incarner. Nous ne sommes pas voués à l'éternel retour, à la fatalité, à faire de notre maîtrise du monde une fin en soi jusqu'à nous en rendre esclaves (agendas surchargés au détriment des relations de proximité...), car, comme le dit Paul, « il passe, ce monde tel que nous le voyons » (1 Co 7, 31). Ainsi sommes-nous tendus vers une rencontre avec Dieu, un et trine, dont nous goûtons déjà les prémices. Si une histoire orientée vers la fin des temps est déjà le fait de l'Ancien Testament et de la liturgie juive, la Pâque du Christ introduit une donnée nouvelle. Les réalités dernières sont déjà là (le salut, le Royaume, notre divinisation...), même si elles sont encore en attente de leur plein accomplissement : « Car nous avons été sauvés, mais c'est en espérance » (Rm 8, 24).

Le temps liturgique chrétien s'est donc élaboré à partir de cet événement unique qu'est la Pâque du Christ, sa victoire sur la mort et la haine. Le cycle hebdomadaire est le plus ancien. C'est un dimanche, le premier jour de la semaine, que le Christ est ressuscité (Mc 16, 2; Jn 20, 1), qu'il s'est rendu présent aux siens, a partagé avec eux le festin messianique (cf. Lc 24), qu'il leur a fait don de l'Esprit et les a envoyés en mission (Jn 20, 21-22). Autant dire que le dimanche est la « pâque hebdomadaire ». Ce jour-là, nous célébrons le mystère pascal dont la lumière est censée illuminer notre semaine, la vivifier et nous rappeler que nous sommes des pèlerins sur cette terre (cf. He 11, 13) et que nous passerions à côté de l'essentiel si nous nous y « installions » et n'ouvrions pas notre cœur aux valeurs du Royaume. La célébration du jour du Seigneur *(dies dominicus)* est attestée dès la semaine qui a suivi la Résurrection dans le Nouveau Testament (huit jour après – cf. Jn 20, 26). Mais elle l'est aussi dans des documents quasi contemporains du livre de l'Apocalypse, comme la Didachè : « Le jour dominical du Seigneur, rassemblez-vous pour rompre le pain et rendre grâce, après avoir confessé vos fautes pour que votre sacrifice soit pur. Mais que celui qui a un différend avec son compagnon ne se joigne pas à vous avant de s'être réconcilié » (Sources chrétiennes 248). La Didascalie des Apôtres (antérieure à la paix constantinienne de 313) encourage chacun à se rendre à la célébration – car il ne s'agit pas de « mettre ses affaires temporelles au-dessus de la parole de Dieu » –, à y « courir avec diligence, car là est notre louange envers Dieu ». Les dimanches du temps ordinaire sont typiques de ce qu'est le dimanche chrétien, sans oublier la couleur verte des ornements qui fait signe vers l'espérance qui « ne déçoit pas » (Rm 5, 5).

Le temps liturgique chrétien s'est élaboré à partir de cet événement unique qu'est la Pâque du Christ, sa victoire sur la mort et la haine.

C'est ultérieurement que s'est élaboré le cycle annuel avec la fête de Pâques, laquelle célèbre, avec plus de solennité que le dimanche, l'événement de la Résurrection qui structure notre temporalité chrétienne. ■

Des témoins du synode sur la synodalité – qui poursuit son chemin dans sa phase continentale – nous racontent ce qui se vit dans leur pays.

Un regard sur la démarche synodale belge

DR

Philippe Berrached, prêtre assomptionniste, explique comment la démarche synodale en Belgique a permis d'apprendre à s'écouter et de poser ensemble ce qui peut être amélioré.

BELGIQUE Je suis le frère Philippe Berrached, assomptionniste à la communauté de Woluwe. Ma mission est double : je suis aumônier d'étudiants sur un campus et je mène des recherches en théologie. En Belgique, le synode a été vécu en trois phases, avec trois questions posées : comment vois-je l'Église ? quels rêves pour l'Église ? et enfin, comment se mettre en marche ensemble ? On reconnaît là la bonne vieille méthode : voir, juger, agir. Méthode belge par excellence, celle du cardinal Joseph Cardijn.

Dans la plupart des paroisses et d'autres lieux, comme les mouvements, les aumôneries d'hôpital, la démarche synodale a été vécue en petits groupes. La première observation que l'on peut faire, c'est que l'apprentissage de la méthode est difficile. Laisser la parole circuler, ne pas la mobiliser pour soi, savoir écouter. Le premier effet du synode a été de mettre chacun à l'école de l'écoute et du respect mutuel. Apprendre à ne pas juger l'autre. C'est un effet très bénéfique et cela a pu, dans certains lieux, aider à apaiser des querelles de clocher. Deux communautés proches mais séparées par une histoire complexe ont commencé à s'écouter. Ce miracle du synode est un nouveau départ.

La synthèse des évêques retient mon attention sur un point : la critique de l'institution ecclésiale. Or, en Belgique francophone, un groupe de deux cents jeunes va apporter un contrepoint à cette synthèse dans une lettre adressée aux évêques. Ils demandent d'être nourris et d'avoir des pasteurs. Les esprits chagrins diront qu'ils ne se sont pas exprimés avant. C'est juste. D'ailleurs il n'y a pas un groupe de jeunes mais une variété de groupes. Peut-être avons-nous à apprendre à être plus humbles ? Nous sommes divers et nous avons à nous écouter. Sans aucun doute, c'est le plus grand défi que nous révèle le synode.

On perçoit la complexité de la vie de l'Église. Je vois, au bout de cette démarche, que nous avons besoin de débats et de recherches de solutions apaisées. Seuls des débats cordiaux et constructifs permettront des changements et de nouvelles perspectives missionnaires. Cette démarche aide justement à poser les bases d'un débat : oser formuler ensemble les problèmes. Nous sommes invités à voir la réalité de notre monde, juger avec l'Évangile, agir en étant disponibles à l'Esprit. ■

Vencelas Deblock, prêtre du diocèse de Cambrai, historien de l'art

Du cloisonnement à l'unité

Les ministres du culte et l'assemblée n'ont pas toujours célébré la messe dans le même espace. C'est le concile de Trente qui amorce une réorganisation pour que jubés ou autres barrières tombent.

Dans la plupart des religions et des lieux de culte, des espaces différenciés assignent leurs fonctions aux pratiquants : hommes et femmes, prêtres et fidèles, initiés et étrangers sont souvent séparés. Les basiliques paléochrétiennes, comme Saint-Clément-du-Latran à Rome, héritent de la conception cloisonnée de l'espace des basiliques civiles romaines. Celles-ci étaient distribuées en zones pour organiser l'action judiciaire qui s'y déroulait. Une barrière basse, le chancel, matérialisait cette séparation. Dès le Ve siècle, les prêtres sont séparés des fidèles. Les iconostases d'Orient et les jubés d'Occident accentueront, par leur hauteur et leur facture monumentale, cet éloignement. Si ce fractionnement de l'espace dans l'Antiquité tardive et au Moyen Âge traduit une hiérarchisation entre les ministres et les fidèles, elle était surtout au service des deux pôles liturgiques : l'autel et la Parole. Le premier s'éloigne de la nef (rideaux) et seuls les prêtres y ont accès; le second, le lieu de la Parole, demeure visible pour qu'elle soit entendue par l'assemblée.

Le concile de Trente amorce une réorganisation en faisant tomber jubés et barrières. L'action liturgique doit être visible par tous. La basilique Saint-Pie-X à Lourdes, achevée en 1958, s'affranchit de toute séparation avec l'autel au milieu de l'assemblée, en haut de marches qui le distinguent de l'espace des fidèles. Le concile Vatican II encourage la réduction des écarts des zones. L'enjeu étant la promotion de la participation active de tous et ensemble à toute l'action liturgique : « La principale manifestation de l'Église réside dans la participation plénière et active de tout le saint Peuple de Dieu, aux mêmes célébrations liturgiques, surtout à la même Eucharistie, dans une seule prière, auprès de l'autel unique » *(Sacrosanctum concilium* n° 41). Pour cela, l'espace continue de se

Chœur de la basilique Saint-Clément-du-Latran à Rome, Italie.

décloisonner et de s'unifier visuellement : « Tout en exprimant l'ordre hiérarchique et la diversité des fonctions, [l'espace doit] assurer l'unité profonde et organique de l'édifice, qui mettra en lumière l'unité de tout le peuple saint. » (PGMR § 294) ■

Propos recueillis par **Frédéric Pascal**, journaliste

Ma prière, une histoire d'amitié(s)

Odile-Victoire Foch, 66 ans, des Yvelines, est engagée dans la communauté Fondacio depuis quarante ans. Sa relation au Christ passe souvent par un dialogue… dans son « Prions en Église ».

« Dès le matin, je me mets face à une icône de Jésus souriant. Jésus, c'est un compagnon de route qui m'assure, comme en montagne. Nous deux, c'est "bras dessus, bras dessous": nous marchons encordés, assurés, lui et moi, comme deux alpinistes. Au fil de mes journées, il est une présence permanente. J'ai souvent des bouts de dialogue avec lui. Je lui parle "comme à un ami", selon les mots d'Ignace de Loyola. Et parfois on rigole bien. Notre relation s'écrit dans les pages de mon *Prions en Église*. Je prends le temps de noter sur la page du jour la grâce dont j'ai besoin: du courage, de la confiance, de la patience… Mon stylo à la main, je lis la parole de Dieu: je souligne, j'entoure, je note. Bien sûr, il y a parfois des jours plus arides. Je me contente alors de répéter tout simplement: "Jésus, Jésus, Jésus…" et des Je vous salue Marie. C'est ma prière du pauvre. Mais en griffonnant

© Sandrine Martin

ainsi mon "*Prions*", j'ouvre la porte aux surprises que m'offrira ma journée, des moments de grâce comme autant de "visitations". Tout y passe : mes demandes à Jésus, au Père ou à l'Esprit Saint – qui fait "toutes choses nouvelles" (Ap 21, 5) ! Je note même des choses plus prosaïques à faire, qui peuvent me coûter. Ma petite revue se trouve alors largement annotée. Elle devient une annexe de mon agenda ! Ses pages sont ponctuées de points d'exclamation, de smileys et de symboles personnels. La revue est mon oratoire portatif, un vrai espace de communion dans lequel s'inscrivent ceux qui me sont chers : des amis du Togo dont vient la couverture en cuir qui la protège, une sœur de Fondacio qui m'a offert le ruban qui sert de marque-page, ou encore les proches dont j'ai noté la fête ou l'anniversaire. Et quand, le soir, je relis mes notes et contemple ma journée avec Jésus, je peux lire entre les pages les grâces reçues tout le long du jour. » ■

QUESTION DU MOIS

Pourquoi n'y a-t-il pas 40 jours entre les Cendres et Pâques?

Selon nos agendas et nos calendriers, il n'y a pas 40 jours entre le mercredi des Cendres et Pâques, mais 46. Mis en place au IVe siècle comme préparation à Pâques et accompagnement des catéchumènes (temps de la purification), le Carême a comme sens spirituel la prière, la pénitence, l'attention aux autres, le partage. C'est une période mobile, dépendant de la date de Pâques (premier dimanche après la nouvelle lune de printemps).

C'est 46 jours calendaires avant Pâques que s'ouvre le Carême. Or, la Bible fait souvent référence à 40 jours ou 40 ans (durée du Déluge, rencontre entre Dieu et Moïse sur la montagne, séjour du peuple hébreu au désert, durée du règne des rois David, Salomon, etc.), donnant à ce nombre une forte valeur symbolique : temps d'épreuve (Dt 8, 2-3; Ps 94, 10-11), et de conversion (Jon 3, 4). Jésus n'est pas venu abolir mais accomplir la parole de Dieu (Mt 5, 1), sceller l'Alliance nouvelle. Il a lui-même passé 40 jours au désert, confronté à la tentation. Sa victoire sur le Mal, dès le commencement de sa mission, annonce sa victoire sur la mort. C'est pourquoi les six dimanches de cette période sont exclus du décompte (46 – 6 = 40) : chaque dimanche, en effet, célèbre Pâques et nous fait passer du péché à la miséricorde, de la pénitence à la joie du pardon. ■

Michèle Clavier, *théologienne*

Pèlerinage en Jordanie – Terre sainte

Moïse à Jésus, la route de l'Exode

Mettons nos pas dans ceux du peuple de Dieu. Comme les Hébreux, nous passerons du temps dans le désert de Jordanie, à la suite de Moïse, nous contemplerons la Terre promise dans laquelle nous entrerons à l'endroit même où le peuple y est entré et où Jean, plusieurs années après, baptisa Jésus. Ensuite, nous marcherons sur la Terre sainte et nous prierons sur les lieux où Jésus annonça l'Évangile : la Galilée, Jérusalem… ensemble, en peuple, dans une Église et un monde en crise, revenons à la source de la foi. ■ **Sébastien Antoni,** *prêtre assomptionniste*

Le lac de Tibériade

© AdobeStock

PRATIQUE **Du 22 mai au 1er juin 2023.** Une sélection **"Prions en Église", et "Le Pèlerin",** organisée par Bipel. **Renseignements et inscriptions :** 01 45 55 47 52 ou bipel.paris@bipel.com

Marcel Duphil, volontaire avec la DCC et
chargé de projet agroécologique en Bolivie

Ces instants où l'univers bascule

« En volontariat avec la Délégation catholique pour la coopération en Bolivie, je m'imaginais donner de ma personne, réaliser des projets, être au service "H24", être le bon Samaritain, avoir toujours le sourire ou une parole réconfortante pour mon prochain. D'ailleurs le mot "volontariat" illustre bien cela. Mais il est des instants où l'univers bascule, où les rôles s'inversent. Quand ce jeune au poignet cassé, pris en stop, insiste pendant tout le voyage pour que je passe un moment chez lui pour me servir un deuxième déjeuner. Quand cette grand-mère que je viens visiter, ne parlant ni espagnol ni français, ne trouve pas à dire d'autres mots que de me partager son repas. Quand l'on fait soi-même l'expérience de la fragilité après une insolation, des diarrhées dues à la difficulté de s'adapter au climat, à la nourriture locale et que l'on est bien content de trouver un centre de santé à proximité ou des amis pour veiller sur soi le temps que ça passe… Bienheureuse fragilité de nos existences humaines qui nous permet d'expérimenter la tendresse de nos frères et sœurs, et, à travers eux, celle de Dieu. » ■

DCC

En Bolivie, Marcel Duphil travaille à promouvoir une agriculture durable et écologique à travers des formations et des expériences en agroécologie.

Faustine Fayette, journaliste

11 FÉVRIER
JOURNÉE MONDIALE DES MALADES

« Accepter de ne pas pouvoir tout maîtriser »

Le docteur Gérald Deschietere, chef de service des urgences psychiatriques aux Cliniques universitaires Saint-Luc à Bruxelles, revient sur les mécanismes de l'anxiété dans notre société et la place de la vie spirituelle quand la santé mentale se fragilise.

Selon vous, comment l'état de la société avec les multiples sujets d'anxiété (écologie, post-Covid, guerre, crise économique…) influe-t-il sur notre psychisme ?

Dans notre société aujourd'hui, les individus n'ont jamais eu autant le sentiment d'être libres. Cette possibilité d'émancipation individuelle est une formidable chance mais elle s'accompagne aussi d'une pression sur le psychisme de tout le monde. En 2023, nous vivons dans une société très médiatique qui installe un contexte rempli de sources d'angoisse : guerre en Ukraine, post-Covid, écologie… On ne peut plus se mettre la tête dans le sable en expliquant qu'on ne savait pas. L'hyperconnaissance crée une hyperresponsabilité dans une société hyperindividualiste. Aujourd'hui, quelle que soit sa place sociale, on ressent une pression qu'il faut réussir sa vie, lutter contre la crise écologique… Tout cela vient perturber l'esprit et la composante psychique et génère une anxiété. Le problème se situe dans les niveaux de responsabilités à rétablir et une solidarité à revaloriser.

Les personnes qui viennent aux urgences psychiatriques sont, entre autres, des personnes qui ne trouvent plus de soutien dans leur environnement proche. Il y a une responsabilité de l'État et des institutions pour rétablir le lien, la solidarité. Les grands discours qui structuraient l'être humain, notamment le discours religieux, sont beaucoup moins présents. Je suis inquiet pour la santé mentale de mes concitoyens mais aussi rempli d'optimisme sur l'issue qu'auront ces crises : notamment en n'opposant pas les mécanismes d'individuation et de solidarité entre les personnes.

Quelle différence faites-vous entre la vie spirituelle et la vie psychique ?

Je crois qu'un des éléments importants, c'est de se dire que nous ne sommes pas que des êtres biologiques. La vie psychique s'explique par des éléments biologiques. Mais il y a une part de nous qui nous échappe, que nous ne pouvons pas expliquer. L'être humain se confronte aux grandes questions de l'existence : pourquoi cela m'arrive-t-il ? Pourquoi maintenant ? Pourquoi moi ? La vie spirituelle, c'est accepter qu'on n'est pas maître de tout. Prendre soin de ses pensées, de ses actes, de ses rêves, c'est notre responsabilité, mais en acceptant de ne pas pouvoir tout maîtriser.

•••

… Est-il possible d'avoir une vie spirituelle équilibrée et une vie psychique abîmée ?

Comment réagit l'être humain en souffrance ? Il y a souvent de la colère contre les hommes, le destin, Dieu et surtout contre soi-même. On s'accuse toujours soi-même. Être conciliant et indulgent avec soi peut permettre d'avancer. Là est la place d'une instance tierce et de la vie spirituelle. Elle peut être une ressource et pas nécessairement une imputation de malheur. Elle est une façon de retrouver une espérance. La vie spirituelle nous aide à faire du lien dans ce que nous vivons chacun et avec les autres à travers une conviction qui nous transcende, qui nous traverse au-delà de nos souffrances. ■

Des lieux de soutien face à la maladie

Relais lumière espérance. Une association qui permet aux familles et amis épuisés par la maladie psychique d'un proche de faire une halte. →www.relaislumiereesperance.fr

Unafam (Union nationale de familles et amis de personnes malades et/ou handicapées psychiques). Présente dans toute la France. →www.unafam.org

OCH (Office chrétien des personnes handicapées). Un service « écoute et conseil », des conférences, des événements liés à la maladie psychique, à la souffrance mentale. →www.och.fr

Plateforme Psycom. Site de ressources publiques d'information sur la santé mentale, les troubles psychiques, les soins psychiatriques... → www.psycom.org

Du 22 février au 9 avril, **cheminez vers Pâques**

Avec ce hors-série *Pâques 2023*, *Prions en Église* vous offre **un très beau carnet de route sur le thème du don qui vous conduira jusqu'au jour de Pâques**.

Pendant les six semaines de Carême, vous pourrez nourrir votre vie intérieure et retrouver l'essentiel à travers **des rencontres, des prières, des chants, des conseils, des activités à faire et à vivre personnellement mais aussi en famille**.

Ce magazine, **richement illustré**, est accompagné d'un journal de bord pour vous accompagner sur votre **chemin de Carême**.

84 pages + 1 carnet de bord de 48 pages

Format : 19,5 x 23 cm • Prix : 9, 90 € • Bon de commande au dos ▶▶

LE JOUR DU SEIGNEUR – FRANCE 2 (11 heures)

5/2 Église Saint-Calixte, Cysoing (59)
Prédicateur : P. Édouard Roblot, dominicain.

12/2 Hôpital Saint-Louis, La Rochelle (17).
Prédicateur : Fr. Camille de Belloy, dominicain.

19/2 En direct depuis la Belgique.
Informations non communiquées.

26/2 Sanctuaire Notre-Dame, Quézac (15).
Prédicateur : Fr. Benoît Dubigeon, franciscain.

FRANCE CULTURE (10 h 05)

5/2 Chapelle Notre-Dame de la Médaille miraculeuse, Paris (VIIe).
Prédicateur : Fr. Régis Morelon, dominicain.

12/2 Chapelle Notre-Dame de la Médaille miraculeuse, Paris (VIIe).
Prédicateur : Fr. Jean-Christophe de Nadaï, dominicain.

19/2 Chapelle Notre-Dame de la Médaille miraculeuse, Paris (VIIe).
Prédicateur : P. Emmanuel Coquet.

26/2 Église Saint-Germain l'Auxerrois, Paris (Ier).
Prédicateur : P. Henry de Villefranche.

Informations communiquées sous réserve de modifications.

LIVRES

LA SÉLECTION DE PANORAMA

La bible de ma mère

d'Emmanuel Godo
Éditions Corlevour, 112 p.

En feuilletant la bible de sa mère défunte, l'essayiste protestant Emmanuel Godo s'arrête sur les faire-part, les photos, les livrets de messe dont l'ouvrage regorge, ressuscitant les événements d'une vie. Quand il précise le chapitre dans lequel l'archive a été glissée, on fait un lien entre l'écriture sainte et l'épisode de vie. Résonance sacrée ! ■

Marie-Christine Vidal

Un catholicisme sous pression

de Brigitte Cholvy et Luc Forestier, Salvator, 184 p.

Relations entre hommes et femmes, question du genre, violences interreligieuses, synodalité, cléricalisme, urgence de la question écologique, poids des crises multiples… Comment ne pas voir que face à toutes ces réalités brûlantes, le catholicisme est, aujourd'hui plus que jamais, mis sous pression ? Deux théologiens, Brigitte Cholvy et Luc Forestier, examinent ces défis nouveaux à la lumière du concile Vatican II.

Des îlots dans la vie de tous les jours

Exercices spirituels bénédictins

de Anselm Grün, Salvator, 192 p.

Anselm Grün, moine bénédictin de l'abbaye de Münsterschwarzach, propose des « exercices spirituels bénédictins » en trois étapes – purification, illumination et union à Dieu, et en s'appuyant sur les Écritures. Cette démarche bénédictine, proche des Exercices de saint Ignace, s'appuie notamment sur les Pères du désert et invite à un discernement intérieur. ■

Jean-Baptiste Deau

EXPOSITION

Le Beau siècle à Besançon

Tête de Vierge, Jean-François de Troy (1751).

Cette belle exposition raconte l'essor artistique dont a bénéficié Besançon après sa prise par Louis XIV, en mai 1674. L'architecture religieuse et le mobilier répondaient à un besoin urgent de normalisation, conséquence tardive de la Contre-Réforme. Les commandes religieuses s'avèrent très importantes et font intervenir nombre d'artistes originaires aussi bien de Besançon que d'Italie et, dans une moindre mesure, de Paris. ■ **Benoît de Sagazan,**
rédacteur en chef du *Monde de la Bible*

Jusqu'au 19 mars – Musée des Beaux-Arts & d'Archéologie de Besançon – www.mbaa.besancon.fr

NOS ACTUS

Hors-série Pâques 2023

Avec ce hors-série Pâques 2023, *Prions en Église* vous offre un très beau carnet de route sur le thème du don, qui vous conduira jusqu'au jour de Pâques. Vous pourrez nourrir votre vie intérieure et retrouver des rencontres, des chants, des conseils, des activités à vivre seul ou en famille. Un journal de bord est offert pour vous accompagner chaque jour du Carême. ■ **Amandine Boivin**

Compris dans l'offre d'abonnement. Disponible le 2 février sur librairie-bayard.com/paques2023 ou en librairies religieuses.

CD

Chantons en Église

Caté et éveil à la foi Chants pour apprendre à prier

ADF Musique

La collection *Chantons en Église* se décline désormais en version « Caté et éveil à la foi ». Ce premier volume invite les enfants à découvrir l'expérience de la prière. Des chants pour apprendre à faire silence, à tracer sur soi le signe de la Croix, à parler avec ses mots au Seigneur.

Vivre une espérance

Christophe Sperissen

ADF Musique

14 chants de Christophe Sperissen et Michel Wackenheim pour sensibiliser à l'accompagnement des personnes en situation de handicap. Une invitation à prendre en compte la dimension spirituelle de chaque personne, même lorsqu'elle est lourdement handicapée. ■

Dominique Pierre, rédacteur en chef de *Chantons en Église*

NUMÉRIQUE

Playlist de l'appli

Forte de milliers de chants et de cantiques, allant des chefs-d'œuvre du grégorien des monastères à la pop louange contemporaine, l'appli *Prions en Église* propose chaque semaine une playlist. Puisque, selon l'expression populaire, attribuée à saint Augustin, « chanter c'est prier deux fois », retrouvez sans attendre les classiques de la musique liturgique ou enrichissez votre répertoire pour enchanter votre prière ! ■

Sébastien Antoni

Disponible sur App store et Google play

Informations communiquées sous réserve de modifications.

PÈLERINAGE NATIONAL J-170 ! 150 ANS

PRIÈRE

Journée de la vie consacrée

Le 2 février, la fête de la Présentation de Jésus au Temple est l'occasion de prier pour la vie consacrée, de mieux la connaître également. Des rencontres avec des religieux et religieuses sont prévues dans les paroisses et les diocèses. ■

Grand Nord-Ouest

SAINT-CYR-SUR-LOIRE (37)

DU SAMEDI 4 AU DIMANCHE 12

Retraite spirituelle

Retraite à durée variable de trois à huit jours, avec accompagnement personnel. Au centre spirituel de la compagnie Sainte-Ursule.

02 47 88 46 00
su.mdp@ste-ursule.org
ursule-tours.cef.fr

BAINS-SUR-OUST (35)

DU DIMANCHE 12 AU SAMEDI 18

Retraite

Autour de la guérison intérieure : « C'est moi qui ferai paître mes brebis […], je fortifierai celle qui est malade » (Ez 34, 15-16). Avec Daniel Nipape, eudiste.

02 99 71 11 46
secretariat@larochedutheil.com
www.larochedutheil.com

Grand Nord-Est

MOUVAUX (59)

SAMEDI 11 ET DIMANCHE 12

Session

Week-end « Silence et prière », avec Anne-Do Wattelle, sœur de l'Enfant-Jésus, et une équipe du centre spirituel du Haumont.

03 20 26 09 61
contact@hautmont.org
www.hautmont.org

JOIGNY (89)

DU LUNDI 13 AU MERCREDI 1ER MARS

Retraite à la carte

Retraite personnalisée, avec accompagnement spirituel, en fonction des …

… attentes et besoins. Prière avec la parole de Dieu ou des textes, à l'aide de la pédagogie de saint Ignace.
03 86 92 16 40
centre-sophie-barat@rscj.com
www.centre-sophie-barat.com

Grand Sud-Ouest

VAYLATS (46)

DU VENDREDI 17 AU JEUDI 23

Retraite spirituelle

Cinq jours pour prier et s'initier aux Exercices spirituels de saint Ignace, avec accompagnement individuel et rencontres en groupe. Au couvent des Filles de Jésus.
05 62 71 65 30 ;
secretariat@coteaux-pais.net
coteaux-pais.net
www.hostellerieducouvent.fr

CUQ (81)

DU DIMANCHE 19 AU DIMANCHE 26

Retraite spirituelle

Renaître à la vie : pour un nouveau départ sous la conduite de l'Esprit, et se laisser rejoindre par Dieu. Avec la communauté des Béatitudes.
05 63 75 03 63
stluc@beatitudes.org
https://stluc.beatitudes.org

BORDEAUX (33)

JEUDI 23

Formation

« Les fondements de l'agir chrétien » : formation en théologie morale avec Henri Chaix, prêtre du diocèse de Gironde. Puis tous les jeudis de mars.
05 57 81 74 96
secretariat@institutpeyberland.fr
www.institutpeyberland.fr

Grand Sud-Est

SAINT-DIDIER (84)

SAMEDI 4

Session

Journée de ressourcement pour la fête du bienheureux Marie-Eugène de l'Enfant-Jésus, sur le thème « Père Marie-Eugène, apprends-nous à prier ». Avec Eduardo Calasanz, responsable à l'Institut Notre-Dame de Vie. À Notre-Dame de Sainte-Garde.
06 08 82 83 27
centrespirituel@notredamedevie.org
www.notredamedevie.org
www.saintegarde.org

MARSEILLE (13)

LES VENDREDIS 3, 10, 17

Formation

Sur les fondements bibliques de l'eucharistie,

durant sept vendredis (jusqu'au 31 mars), avec Pierre Dumoulin, prêtre et professeur à l'Institut des sciences et théologie des religions (ISTR). Au centre Le Mistral de l'Institut catholique de la Méditerranée (ICM).
04 91 50 35 02
istr@icm13.com
icm.catholique.fr

FRANCHEVILLE (69)

DIMANCHE 12

Marche et prière

Un dimanche par mois, de 8 h 30 à 17 h 30, marcher avec la Parole dans les monts du Lyonnais. Avec l'équipe du centre spirituel du Châtelard.
04 72 16 22 33
accueil@chatelard-sj.org
www.chatelard-sj.org

•••

ZOOM

Pèlerinage des reliques de sainte Bernadette

« Venez à la rencontre de sainte Bernadette, découvrir le message de Lourdes et les merveilles qui s'y vivent » : à l'occasion de l'année jubilaire vers le 150e Pèlerinage national de Lourdes, l'Hospitalité Notre-Dame de Salut et la famille religieuse de l'Assomption invitent au pèlerinage du reliquaire de sainte Bernadette, du 19 février au 25 mars 2023. À Paris, Lille, Strasbourg, en diocèse ou en paroisse, des temps de prière communautaire et personnelle sont organisés. « Participer à ce pèlerinage, explique Vincent Cabanac, assomptionniste, directeur du Pèlerinage national, c'est favoriser la prière par l'intercession de sainte Bernadette. Cette jeune fille a fait preuve, pour transmettre les paroles de la Vierge Marie, d'une grande force intérieure : une influenceuse avant l'heure ! Pour nous, la figure de Bernadette recouvre la simplicité, l'humilité et la persévérance. » Les pèlerins pourront aussi méditer le message universel de Lourdes : « Combien de guérisons, du cœur aussi, et d'espérances à la Grotte ! » ■

Clotilde Pruvôt

www.pelerinage-national.org

...Île-de-France

PARIS (Ve)

JUSQU'AU SAMEDI 18

Exposition

Dans le cadre du festival des Bernardins Opus 4, l'exposition « Anima » de Laurent Grasso, artiste vidéaste, qui présente sa nouvelle série de peintures. Entrée libre.
01 53 10 74 44
www.collegedesbernardins.fr

SAINT-PRIX (95)

SAMEDI 4 ET DIMANCHE 5

Session mariage

« Le mariage, y réfléchir, s'y préparer », une session pour fiancés et personnes qui pensent au mariage chrétien. Avec Laurent Tournier, prêtre, et des couples.
01 34 16 09 10
accueil@massabielle.net
massabielle.net

Belgique

LIÈGE

SAMEDI 11

Session couples

Temps de ressourcement en couple, avec témoignages, animations et partage. Animé par Suzanne et Philippe Renier, organisé par le service diocésain des couples et des familles de Liège. À l'abbaye de Brialmont.
Anne Locht : +32 (0)4 74 34 44 13
sdcfliege@gmail.com
www.sdcfliege.be

LOUVAIN-LA-NEUVE

JEUDI 2

Journée pastorale

28e journée pastorale de l'Université catholique de Louvain sur le thème « Discerner des lieux favorables pour l'Évangile ». Organisée par la faculté de théologie de l'Université catholique de Louvain et les services des diocèses francophones de Belgique,
+32 (0)10 47 49 26
secretaire-cutp@uclouvain.be

ENVOYEZ VOS RENDEZ-VOUS À L'AGENDA DE PRIONS EN ÉGLISE : Merci d'envoyer les informations nécessaires 3 mois avant l'événement, sans engagement de publication par la rédaction, à : *Prions en Église*, Agenda, 18 rue Barbès, 92120 Montrouge, ou par e-mail : *prionseneglise@groupebayard.com*

PrionsenÉglise 18, rue Barbès,
www.prionseneglise.fr 92128 Montrouge Cedex.

▶ **POUR CONTACTER LE SERVICE CLIENT : 01 74 31 15 01** – service.client@groupebayard.com
(Préciser : nom + adresse postale + « concerne Prions en Église ».)

▶ **POUR VOUS ABONNER : 01 74 31 15 01** – www.librairie-bayard.com
Bayard, Prions en Église, TSA 60007, 59714 Lille Cedex 9

▶ **POUR CONTACTER LA RÉDACTION : 01 74 31 63 24** – prionseneglise@groupebayard.com

Directeur de la publication : Pascal Ruffenach. Directeur du secteur et directeur des rédactions : Jean-Pierre Denis. Rédaction : Karem Bustica (rédactrice en chef), Pomme Mignon (rédactrice en chef adjointe visuel, directrice artistique), Frédéric Pascal (rédacteur en chef adjoint), Armelle Gabriel (assistante), Nicolas Crouzier (secrétaire général de la rédaction), Jean-Baptiste Deau (1er secrétaire de rédaction), Clotilde Pruvôt, Véronique Jollé (secrétaires de rédaction), Laurent Sangpo, Pascal Redoutey (rédacteurs graphistes), Ania Biszewska (rédactrice photo), Sébastien Antoni (chef de grande rubrique), Anne-Quitterie Jozeau (rédactrice), Agnès Thépot (relations lecteurs). A participé : Thibault Van Den Driessche. Marketing éditeur et développement : Anne-Claire Marion (directrice), Amandine Boivin (responsable marketing). Marketing diffusion et abonnement : Aurore Bertrand (directrice), Sandrine Dos Santos (chef de marché). Direction des terrains catholiques : Cédric Bloquet (directeur). Voyages lecteurs : Corinne Miguel. Contrôle de gestion : Tonnumy Ai. Fabrication : Grégory Cervantes. Impression : Maury SAS, Z.I. Route d'Étampes, 45330 Malesherbes. *Prions en Église* est édité par Bayard, société anonyme à Directoire et Conseil de Surveillance au capital de 16 500 000 €. Actionnaires : Augustins de l'Assomption (93,7 % du capital), SA Saint-Loup, Association Notre-Dame de Salut. Directoire : Pascal Ruffenach (président), André Antoni, Florence Guémy et Jean-Marie Montel (directeurs généraux). Président du Conseil de Surveillance : Hubert Chicou. Dépot légal à parution. CPPAP : 0425K86471 - ISSN : 0383-8285. Belgique et Luxembourg : Bayard Presse Bénélux, Da Vincilaan, 1 – 1930 Zaventem. Tél. : 0800 90 028 (de Belgique, gratuit) ou 00 32 87 30 87 32 (de France) ou 800 29 195 (du Luxembourg). Web marché chrétien : librairie-bayard.com. Suisse : Edigroup SA 39 rue Peillonnex 1225 Chêne-Bourg – Suisse. Tél. : 00 41 22 860 84 02. Mail : abobayard@edigroup.ch

***Prions en Église* agit pour l'environnement**
Origine du papier : Suède.
Taux de fibres recyclées : 0%.
Origine des fibres : papier issu de forêts gérées durablement.
Impact sur l'eau : Ptot 0,007 kg/T

Ce numéro comporte
Sur la totalité de la diffusion : encart broché "Prions en Église" autopromo ; encart posé "Prions en Église Junior" ; encart jeté "Prions en Église" autopromo.
Sur une partie de la diffusion : encart posé "Panorama" abonnement ; relance posée "Prions en Église" offre d'abonnement.

Bulletin d'abonnement

GRELHS0109

☐ OUI, je m'abonne à *Prions en Église*

ÉDITION POCHE (13 x 11,9 cm) - PRI

- ☐ **1 an** (12 n^os^) .... **45 €**
- ☐ **2 ans** (24 n^os^) .... **80 €**
- ☐ **Étudiant** 1 an .... **29,95 €***

ÉDITION GRAND FORMAT (16 x 14,6 cm) - PRI

- ☐ **1 an** (12 n^os^) .... **52 €**
- ☐ **2 ans** (24 n^os^) .... **90 €**

+ EN CADEAU : le hors-série *Pâques 2023*

PAR COURRIER Renvoyez ce bulletin accompagné de votre chèque payable en France libellé à l'ordre de « Bayard » à l'adresse suivante : **Bayard - TSA 60007 - 59714 Lille CEDEX 9**

PAR INTERNET sur **librairie-bayard.com/abopri**

COORDONNÉES ☐ Mme ☐ M. Prénom

Nom A177060

Complément d'adresse (résid./Esc./Bât.)

N° et voie (rue/Av./Bd...)

Code postal Ville

Pays Date de naissance J J M M A A A A

Tél. E-mail

Pour recevoir, conformément à la loi, la confirmation de votre abonnement

RENSEIGNEMENTS POUR LES ABONNEMENTS HORS FRANCE MÉTROPOLITAINE

		DOM-TOM & UE	AUTRES PAYS	BELGIQUE	SUISSE
Téléphone		(33) 174 311 501		0800/250 38**	(022) 860 84 02
POCHE	1 an	48 €	54 €	Renseignez-vous sur les tarifs et abonnez-vous par téléphone	
	2 ans	86 €	98 €		
GRAND FORMAT	1 an	55 €	61 €		
	2 ans	96 €	108 €		

*Uniquement en France métropolitaine. Cette offre ne contient pas de cadeau. Joindre une photocopie de la carte d'étudiant.

**Appel gratuit

Offre valable jusqu'au 30/06/2023 pour tout 1er abonnement. Si vous vous abonnez au-delà du 17/02/2023, alors vous recevrez le hors-série *Vivre la gratitude*. Visuels non contractuels. Bayard s'engage à la réception du 1er numéro dans un délai de 4 semaines au maximum après enregistrement du règlement. À l'exception des produits numériques ou d'offre de service, vous disposez d'un délai de 14 jours à compter de la réception du 1er numéro de votre magazine pour exercer votre droit de rétractation en notifiant clairement votre décision à notre service client. Vous pouvez également utiliser le modèle de formulaire de rétractation accessible dans nos CGV. Nous vous rembourserons dans les conditions prévues dans nos CGV sur : https://librairie-bayard.com/cgv. Ces informations sont destinées au groupe Bayard, auquel *Prions en Église* appartient. Elles sont enregistrées dans notre fichier à des fins de traitement de votre abonnement. Conformément à la loi « Informatique et Libertés » du 06/01/1978 modifiée et au RGPD du 27/04/2016, elles peuvent donner lieu à l'exercice du droit d'accès, de rectification, d'effacement, d'opposition, à la portabilité des données et à la limitation des traitements ainsi qu'à connaître le sort des données après la mort à l'adresse suivante : Bayard (CNIL), TSA 10065, 59714 Lille CEDEX 9. Votre adresse mail sera utilisée pour vous envoyer les newsletters que vous avez demandées ou dont vous bénéficiez en tant que client. Vos coordonnées postales et téléphoniques pourront être utilisées à des fins de prospection commerciale par Bayard. Votre nom associé à vos coordonnées postales et téléphoniques sont susceptibles d'être transmises à nos partenaires (éditeurs, associations, VPC...). Vous pouvez vous opposer à la prospection commerciale en vous connectant à https://www.groupebayard.com/fr/contact ou en envoyant votre demande à : Bayard (CNIL), TSA 10065, 59714 Lille CEDEX 9. Pour plus d'informations, nous vous renvoyons aux dispositions de notre Politique de confidentialité sur le site groupebayard.com. Nous vous informons de l'existence de la liste d'opposition au démarchage téléphonique « Bloctel », sur laquelle vous pouvez vous inscrire ici : https://www.bloctel.gouv.fr/